다산과 연암 노름에 빠지다

우리 역사 속의 호모루덴스들
그들과 함께 한 도박과 노름의 문화사 산책

다산과 연암, 노름에 빠지다

유승훈 著

살림

| 저자의 말 |

아침 바다에서 길어 올린 단상

나는 한반도의 남단, 부산의 동삼동 바다에 와 있다. 풍어기를 꽂은 통통배들이 남쪽 바다로 떠나고, 물질을 하는 해녀의 바쁜 몸놀림도 보인다. 아침에는 붉은 해가 바다를 적시면서 가슴 벅찬 풍경을 그려낸다. 그뿐이랴. 이 바닥은 신석기인들이 약 8천년 전부터 패총 문화를 꽃피워낸 곳이다. 이곳에서는 누구든지 장대한 역사와 문화를 꿈꾸게 마련이 아닌가.

작년 이 무렵일 것이다. 서울토박이인 내가 이 낯선 땅에서 적응해 나가고 있을 때 한 통의 이메일을 받았다. '도박의 문화사'라는 주제로 책을 쓸 필자를 찾고 있다는 편지였다. 「투전고」라는 논문을 쓰면서 우리나라 도박의 역사에 대한 통시적 기술을 꿈꾼 적은 있지만 적지 않게 고민이 되었다. 우여곡절 끝에 이 책을 쓰게 되면서 대신 나는 외지에 온 외로움을 잊게 되었다. 하나의 화두가 주어지니 머리에 떠오른 잡념을 떨쳐버릴 수 있었다. 출판사의 관계자 분께 먼저 감사의 말씀을 드린다.

우리나라 도박에 관한 선행 연구는 턱없이 부족했다. 새벽의 하얀 눈밭을 걷는 기쁨은 있었지만, 가시밭 속에서 길을 뚫어야 하는 고통이 따랐다. 자료 찾기는 어떠했는가. 먼 이녘 땅으로 내려온 대가로 시간적 여유는 있었지만 자료의 접근성은 형편없었다. 몇 번씩 고속열차를 타고 서울로 올라가야 했다. 풀 방구리에 쥐 드나들 듯 마음대로 도서관을 이용할 수 있었던 기억이 새삼스레 떠올랐다. 역시 세상은 동전의 양면과 같았다. 항상 얻는 게 있으면 잃는 것도 있다는 진리를 되새겨보았다.

　여러 독자들에게 보여주고 싶은 욕심에 쉽고 재미있게 쓰려고 노력했다. 독자를 향한 글을 쓰면서 내 글쓰기를 반추해보는 계기가 되었다. 지금껏 '나를 향한 혹은 학계를 향한 글쓰기에 지나치게 편향되어 있지 않았는가' 하는 자성도 해보았다. 역시 쉽게 다가서는 방법이 훨씬 어려웠다. 고치고 고민하고 다시 수정하고, 수없이 절차탁마의 과정을 거치다 보니 위장병까지 생겼다. 새로운 글맛을 깨닫게 한 대가이므로 기쁘게 받아들이기로 했다.

　이 책을 엮으면서 수많은 분의 도움을 받았다. 역사민속학을 공부하면서 가르침을 받았던 많은 선생님들의 학은이 먼저 떠오른다. "감사합니다." 이 책을 기획하고 아름답게 꾸며준 살림 출판사 사장님과 편집자 여러분들께도 다시 한번 감사드린다. 이십여 년 전 고인이 되신 아버님, 아직도 먼 곳에 나를 보내고 좌불안석인 어머님께도 감사의 말씀을 올린다. 이 책을 쓰는 동안, 우리 아이들에게 혼쭐을 많이 냈다. "조용히 하라고." 연이와 민이에게는 철없는 아버지로서 미안한 마음을 전하고 싶다. 마지막으로 사랑하는 아내 미선에게 이 책을 선물하고 싶다.

　　　　　　　　　　　늘 푸른 남쪽 바닷가에서 유승훈

다산과 연암, 노름에 빠지다
차 례

저자의 말 아침 바다에서 길어 올린 단상 4

프롤로그 거꾸로 본 음지의 역사 9

1장 고대 샤먼은 최초의 도박꾼이었을까 - 도박과 점복 21

2장 신라의 귀족, 주사위 놀이로 밤을 지새다 - 도박과 주사위 45

3장 백제인의 저포, 윷놀이의 조상인가 - 도박과 윷놀이 67

4장 고려시대의 격구는 스포츠 도박이었다 - 도박과 격구 89

5장 양반과 기생, 쌍륙판에서 내기를 벌이다 - 도박과 쌍륙 109

6장 | 조선후기의 투전, 도박의 전성시대를 열다 - 도박과 투전　131

7장 | 친일파 이지용, 나라를 팔아 화투대왕이 되다 - 도박과 화투　161

8장 | 고스톱은 대한민국의 축소판이다 - 도박과 고스톱　189

9장 | 자본주의 국가는 언제나 양다리를 걸친다 - 도박과 국가　203

에필로그 | 잃었을 때 떠나라　229

주　238

고대 도박의 역사는 점복의 역사와 맥을 같이 했으며, 중세사회에는 '스포츠 도박'으로 불릴만한 것도 있었다. 쌍륙판에서는 양반과 기생의 만남이 있었고, 조선후기 도박계를 평정한 투전에는 '또 다른 비밀'이 있었다. 또한 20세기 초 화투판에는 친일파들이 있었다. 이처럼 매 시기마다 유행했던 도박에 얽힌 사회적 사실들은 내 눈을 번쩍 뜨이게 해주었다.

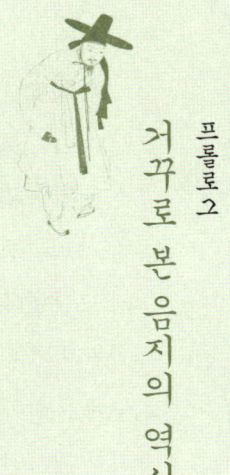

프롤로그

거꾸로 본 음지의 역사

음지의 역사에 대한 알 권리

"조선시대에도 주부 도박단이 있었을까?" 좌석버스에서 흘러나온 '주부 도박단 검거' 라디오 뉴스를 들으며 떠올린 생각이었다. '현재는 과거를 보는 거울'이라 믿는 나는 현재의 삶 속에서 부단히 과거의 연구주제를 착상하고 있었다. 2002년 뇌 속에 파고든 이 엉뚱한 생각 때문에 원래의 연구주제를 접어두고 6개월간이나 '외도'를 감행했다. 각종 자료와 씨름해서 내놓은 결과가 「투전고-조선 후기 도박풍속의 일단면」이란 졸고였다. 역사학자가 아닌 나는 이 글을 쓰면서 내내 부끄러웠고, 사실 그 결과에도 썩 만족하지 못했다. 그런데 웬일인지 관심을 표시하는 분들이 많았다. 신문의 문화면에서 내 논문을 대문짝만하게 소개해주었고 어느 시민으로부터 편지를 받기까지 했다. 나는 이러한 애정표현(?)이 다소 뜻밖의 결과였기에 그 원인에 대해서 곰곰이 따져보았다. 그러다가 '그래, 사람들은 기왕의 역사에서 2% 부족함을 느낀다'는 결론에 도달했다.

우리의 역사학계는 왕조사, 정치사 혹은 귀족문화, 주류문화의 연구에 주력하였다. 이 분야에서 괄목할 만한 연구의 축적이 이루어졌지만 지나친 편식이었다. 역사·문화라는 풍성한 식탁 위에서 지나친 편식을 하고 있었다는 말이다. 역사라는 것은 결국 당대 사람이 살아간 삶의 이야기가 아니던가. 당대의 역사는 한 줌의 지배층이 아니라 99%의 백성들이 꾸며낸 모자이크이다. 그러나 역사학자가 꾸며낸 무대 위에서는 늘상 왕과 지배층들만 주연으로 출현할 뿐이었다. 가만히 생각해보면 넓은 모래밭에서 귀금속을 하나 발견하고 이것이 귀금속밭이라고 주장하는 모습과 다르지 않았다. 최근 사회사, 향촌사, 지역사가 강조되고 또한 미시사, 일상사 등 새 분야가 주목받는 것도 종래의 연구경향에 대한 자성이 아닐까.

민중들의 생활문화를 연구하는 민속학계는 어떤가? 민속놀이를 예로 들어보자. 지금까지 민속놀이에 관한 연구는 해학과 풍자의 민중성, 단결과 협력의 대동성, 일과 놀이의 생산성 등을 강조하는 경향으로 나아갔다. 사회적 흐름도 민중들의 집단성, 대동성, 생산성을 강조하는 분위기였다. 70년대 이후 대학에서 활발히 진행된 민중문예운동들도 이러한 시대적 흐름과 학계의 움직임 속에서 전거를 찾은 것이다. 물론 이러한 연구경향이 잘못되었다는 것은 아니다. 하지만 면밀히 따져보면 놀이의 성격에는 양지와 음지가 있는 법이다. 그런데 양지의 놀이만을 너무 강조했다는 생각이 든다. 음지의 놀이에 대해서는 방관자적인 자세를 취해왔다. 그러나 조선시대 백성들은 넓은 마당에서 줄다리기, 고싸움, 쇠머리대기도 했지만, '노름방'이라고 불리던 뒤켠에서는 투전과 골패놀이를 하고 있었다. 따지고 보면 이 폐쇄적인 공간에서 벌어진 도박놀이가 오히려 강한 힘을 갖고 있지 않았는가.

나는 음지의 역사, 비주류의 문화에 대해서도 '시민들의 알 권리'를 주장하고자 한다. 어느 시민이 나에게 보낸 '투전에 대한 연구를 계속해주십시오'라는 요지의 편지는 사실상 '도박의 역사에 대한 알 권리'를 요청한 것이었다. '인문학의 위기'에는 여러 가지 요인이 있지만 그 가운데는 '연구자를 위한 연구'가 진행되었던 탓도 무시 못한다. 이제는 연구자만을 위한 잔치가 아니라 '대중적 요구를 담아낼 잔치'를 고민해야 할 때다. 대중들은 왕조·정치사뿐만 아니라 생활사의 각 분야에 대해 많은 관심을 갖고 있다. 어떤 정치제도에서 살았는가보다는 무슨 일을 하고, 무엇을 먹고, 어떻게 놀았는지 더욱 알고 싶어 한다. 따라서 '대중과 함께 하는 인문학'을 위해서는 지금까지 무관심하게 방치되었던 여러 주제에 대해서도 적극적인 자세를 갖고 밝혀낼 필요가 있다. 그래야 정치와 생활, 지배와 피지배, 물질과 정신, 주류와 비주류, 음지와 양지, 오른쪽과 왼쪽 등 양 날개를 가진 인문학이 되어 더 멀리, 더 높이 날 수 있을 것이다.

도박과 놀이, 그리고 정약용과 심수경

도박이란 무엇인가? 나는 이 책을 쓰면서 먼저 도박의 개념에 대해서 무진장 고민해야 했다. 동서양에 따라서, 학자에 따라서, 도박에 대한 인식은 천차만별이었다. 중국과 일본에서 발행한 『도박사賭博史』를 보면 바둑과 장기는 물론이고 투호投壺, 축국蹴鞠과 투계鬪鷄 등까지 도박의 범위에 포괄하고 있었다. 서양에서는 로또 복권과 카지노 등이 도박의 역사에서 중요한 위치를 차지하고 있었다. 사회학자에 따라서는 주식투자와 같은 현대의 경제활동까지도 도박에 포함시켰다. 그렇다면 도대체 도박의 범위를 어떻게 보아야 할까? 도박을 개념짓기 위해서는 먼저 놀이가 무엇인지 살펴보아야 한다. 도박의 동의어인 '노름'은 결국 '놀음'이고 '놀이'가 아니던가. 그러므로 놀이와 도박의 상관관계를 밝히지 않고는 도박의 정수에 다가설 수 없다.

'놀이'와 관련해서는 반드시 짚고 넘어가야 할 두 고전이 있다. 요한 호이징가의 『호모 루덴스』와 로제 카이와의 『놀이와 인간』이란 책이다. 서구에서는 문화사 하면 『호모 루덴스』를 떠올릴 정도로 이 책은 기념비적인 저작이 되었다. 1938년에 출간된 이 책은 종래 학문 흐름의 물꼬를 새롭게 터준 책이다. 당시의 학계에서는 '놀이'를 학문적 주제로 떠올릴 수 없을 정도로 하찮은 것으로 인식하였다. 그런데 호이징가는 풍부한 원전자료를 통해서 모든 문화가 놀이로부터 발생했음을 상기시켜주었다. 결국 인간이란 '생각하는 인간(Homo Sapiens)', '만드는 인간(Homo Faber)'임과 동시에 '놀이하는 인간(Homo Ludens)'임을 깨닫게 해준 것이다. 이 '호모 루덴스'라는 이름은 도박에 골몰하고(?) 있던 나에게 매우 중요한 의미였다. '호모 루덴스'는 인간이 도박을 하는 근본적인 이유를 아주 응축적으로 보여주기 때문이다.

하지만 호이징가의 책이 완전히 만족스럽지는 못했다. 호이징가는 놀이를 성스러운 것으로 규정하면서, 세속적·일탈적 놀이는 배제하는 경향이 있었다. 그렇다면 도박은 놀이의 영역에서 설 자리가 없어지지 않는가. 이러한 불만을 해소시켜준 것은 로제 카이와였다. 그는 『놀이와 인간』에서 도박을 놀이의 하나로서 명확히 자리매김했다. 그는 놀이의 원리로 아곤(Agon : 경쟁), 알레아(Alea : 우연), 미미크리(Mimicry : 모의), 일링크스(Ilinx : 현기증)를 들었다. 이중 '알레아'의 특성을 가진 것이 바로 도박이었다. 카이와는 놀이의 정의에서 이러한 내기놀이가 일상생활에서 매우 중요한 몫을 차지하고 있다고 못박았다. 도박을 탐구하는 나에게 호이징가보다는 로제 카이와의 주장이 매우 설득력 있게 다가왔다.

하지만 놀이와 도박의 차이에 대해서는 여전히 의문점이 남는다. 도박은 놀이와 다른 그 무엇이 있지 않은가. 그럼 우리나라 선학들의 의견에 귀기울여보자. 조선시대의 여러 문헌에서는 도박을 잡기雜技 혹은 잡희雜戱로도 사용하였다. 선조들은 이것을 '내기를 거는 잡다한 놀이'로 생각했다. 정약용은 『목민심서』에서 "도賭라는 것은 놀이로 탈취하는 것이요, 박博이라는 것은 주고받는 것이다"라고 하였다. 그는 "이러한 내기놀이는 심보가 나빠지고 재산을 탕진하며 가문과 친족들의 근심이 되게 한다"고 하였다. 조선 중기의 문신인 심수경沈守慶(1516~1599)의 견해도 대체로 다산과 일치한다. 심수경은『견한잡록遣閑雜錄』이란 책에서 잡기가 '승부를 겨루고, 소일거리인 놀이'라고 하였다. 그런데 "이 잡기를 하다가 뜻을 상실하는 자도 있고, 재산을 날리는 자도 있으니 이로움은 없고 손해만 있다"고 하였다. 정약용과 심수경은 모두 도박을 '내기놀이'와 '승부놀이'로 보았다. 지나친 승부의식과 내기심리는 도박에 더욱 탐닉하게 만든다. 투기성, 모험성, 사행성과 같은 문제점도 내기와 깊이 연관돼 있다. 술내기, 음식내기와 같이 단순한 내기에서 점차 금전 내기로 발전한다. 결국 어떤 '내기 놀이'는 사회적 폐단을 일으키고, '도박'이란 딱지가 붙는 것이다.

도박의 시선으로 본
당대의 사회

『장자莊子』에는 내기 걸기의 문제점을 정확히 간파한 글이 있다. 인간의 도박심리를 이만큼 의미심장하게 보여주는 글이 있을까. "기왓장을 내기에 건 자는 생각이 야릇해지고, 쇠로 만든 띠쇠를 건 자는 슬슬 겁을 내고, 황금 덩어리를 몽땅 건 자는 정신이 하나도 없게 된다.以瓦注者巧 以鉤注者憚 以黃金注者"그렇다. 같은 고스톱이라도 점 오백 원, 점 천 원, 점 만 원 등 거는 금전에 따라서 분위기가 달라지지 않는가. 돈을 많이 걸수록 눈빛은 날카로워지고 손에는 땀이 나는 법이다. 이처럼 장자의 글은 내기와 도박의 상관관계를 정확히 보여주고 있다.

장자의 글 원문의 '주注' 자는 여러 의미가 있지만 '노름과 도박에 거는 물건'이란 뜻도 지니고 있다. 그래서 '다 걸기'라는 뜻을 가진 '올인(All In)'을 한문 용어로는 '고주孤注'라고 표기한다. 이 고주는 '돈을 거의 다 잃은 사람이 마지막으로 다 털고 승패를 결정하는 밑천'을 말한다. 이 단어를 통해서 아주 오래 전부터 도박판에 존재했던 올인 풍속을 깨달을 수 있다. 고주는 내기가 도박으로 변질되는 도박판의 생리를 보여준다. 한 푼이 만금으로, 만금이 전 재산으로 변화하는 것. 이것이 도박의 생명력인 '내기의 속성'이다.

그래서인지 도박의 역사를 살펴보면 그야말로 '일탈의 역사, 음지의 역사'로 귀결된다. 조선 초의 기록부터 도박하다가 처자를 빼앗기고 가산을 탕진하는 자들이 등장한다. 그뿐인가. 대거 도박꾼이 참가하는 전문적인 도박당이 만들어졌다. 사대부에서 천민까지 재물을 걸고 도박하다가 도둑질까지 벌이는 신세로 추락하기도 한다. 또한 사기도박도 적지 않았다. 시대가 다를 뿐 행동의 양태는 현재와 비슷한 것이다.

그런데 여기서 하나의 주의가 필요하다. 그것은 당대의 사회를 바라보는 '객관적 시선'이다. 단순히 도박을 '인간의 잘못된 타락'으로만 본다면 도박의 근원을 해석할 수 없다. 인간이란 사회적 존재가 아닌가. 백제에서 태어난 사람이 조선시대의 투전을 알 리가 없지 않은가. 아무리 천하의 도박꾼이라도 당대 사회에 짜여진 판 속에서 노름을 할 뿐이었다. 그러므로 도박의 일탈 이전에 일탈의 사회적 배경과 원인을 아는 것이 중요하다. 각종 사료는 도박의 사회적 폐단, 인간의 일탈만을 강조할 뿐이었다. 나는 사료적 사실에다 플러스 알파를 첨가하기 위해서 노력했는데 소기의 성과가 있는지는 모르겠다. 여하튼 이러한 관점 속에서 시대마다 등장하는 도박을 해석하려고 노력했다.

 나는 전문적인 역사가는 아니지만 도박의 눈으로 당대의 사회를 보고 싶었다. 역사를 보는 매개항으로 도박을 삼았다고 할까? '주제의 역사, 코드의 문화'란 지향점에 닿고자 했다. 사실 주제와 코드는 프리즘일 뿐, 프리즘에 비친 변화무쌍한 세계를 보고 싶었다. 당대의 도박은 어떻게 만들어졌는가? 어디에서 시작되었는가? 향유하는 계층은 누구인가? 왜 파급력을 가졌을까? 책을 쓰는 동안 이러한 물음을 계속해서 던져보았다. 답변을 찾는 과정에서 매우 흥미로운 사실들을 발견했다. 고대 도박의 역사는 점복의 역사와 맥을 같이 하였으며, 중세사회에는 '스포츠 도박'으로 불릴 만한 것도 있었다. 쌍륙 도박에는 양반과 기생의 만남이 있었으며, 조선 후기 도박세계를 평정한 투전에는 '또 다른 비밀'이 있었다. 또한 20세기 초 화투판에는 친일파들이 있었다. 이처럼 매 시기마다 유행했던 도박에 얽힌 사회적 사실들은 내 눈을 번쩍 뜨이게 해주었다.

수학자인 카르다노가 부러웠다

 나는 도박에 대해서는 모든 자료와 만나려고 노력했다. 종래의 성과를 보니 우리나라는 도박에 관한 학문적

성과가 일천한 형편이다. 인문학에서는 거의 다루지 않았고, 사회학, 심리학과 같은 학문에서 도박에 관한 연구를 진행하고 있었다. 이에 비하여 타국은 어떠한가? 일본에서는 이미 1930년대에 도박에 관한 보고서가 많이 편찬되었고, 『도박사 賭博史』라는 책도 출간되었다. 서양에서도 도박이 매우 중요한 학문적 주제였다. 도박은 자본주의의 법, 경제, 사회, 문화를 알 수 있는 척도이기 때문이다. 인간 심리를 연구하는 데도 도박은 매우 요긴한 코드로 사용되었다. 그런데 의외로 도박에 대해서 지대한 관심을 갖고 있는 학문이 있었다. 바로 수학과 통계학이다.

프랑스의 수학자 파스칼(1623~1662).

수학과 통계학의 접점은 '확률론'으로 통한다. 확률론의 기초를 세우는 데 다름 아닌 '주사위 놀이'가 큰 역할을 했다. 지금도 통계학도들은 1/6의 확률을 확인하기 위해서 주사위를 수천 번씩 굴려 본다. 그들은 우연 속에 내재한 과학적 원리를 찾기 위해서 고군분투하는 것이다. 이 확률론을 정립한 사람은 17세기의 수학자 '파스칼(Pascal, Blaise)'과 '페르마(Fermat, Pierre de)'이다. 이들에게 연구의 단초를 제공한 것은 '메레'라는 도박꾼이었다. 그는 주사위 도박을 하던 중에 게임이 중단되었을 때 판돈을 어떻게 나누어야 하는지를 편지로 질문했다고 한다. 이 도박꾼 덕에 의외의 수확이 거두어졌다. 그 유명한 '파스칼의 삼각형' 이론이 나온 것이다.

이탈리아의 수학자 카르다노(1501~1576).

사실 파스칼과 페르마 이전에 이미 도박을 수학적으로 분석한 학자들이 있었다. 대표적인 인물이 16세기의 '카르다노(Cardano, Girolamo)'이다. 카르다노는 확률론의 기초를 세운 수학자이다. 그의 별명은 '미치광이 천재'였다. 의사, 기하학자, 자연철학자이자 파비아 시장市長까지 역임했던 그는 한마디로 기인이었다. 성격이 광적이고 괴팍한 카르다노는 유명한 도박중독자였다. 그는 자신의 도박 편력을 바탕으로 『de Ludo Aleae(The Book on Games of Chance : 도박에 관한 책)』을 저술했다. 이 책에는 도박의 조건, 도박하는 인물과 시기, 도박의 원리부터 주사위 놀이의 기술까지 적혀 있다. 한 마디로 최초의 '도박 교과서'라 할 수 있겠다. 이 책에서 그는 자신에 대해서 이렇게 이야기했다 "나는 4년 이상을 체스판에서, 25년간을 도박판에서 보냈다. 가끔이 아니라 매일 도박을 했다."[1]

400년이 지나서 나는 '카르다노'와 마찬가지로 도박에 열중하고 있다. 나는 카르다노에게 일종의 열등감(?)을 갖고 있다. 그가 쓴 책은 전적으로 경험에서 우러나온 것이다. 『도박자』라는 소설을 지은 도스토예프스키도 마찬가지가 아닌가. 룰렛 중독자인 그의 경험은 생동감 있는 소설을 만들었다. 나는 어떠한가? 아쉽게도 나는 이 책을 쓰기 위해서 고스톱을 배워야 하는 처지이다. 백면서생인 나는 민화투 정도를 치는 수준이었다. 그래서 솔직히 도박의 방법에 대해서 서술하는 것이 제일 힘들었다. 이제 독자 여러분들께 물어본다. 도박을 화두로 용맹정진해야 하는 나, 역사 속의 도박판과 마찬가지로 현실의 도박판에서도 노름과 씨름해야 할까?

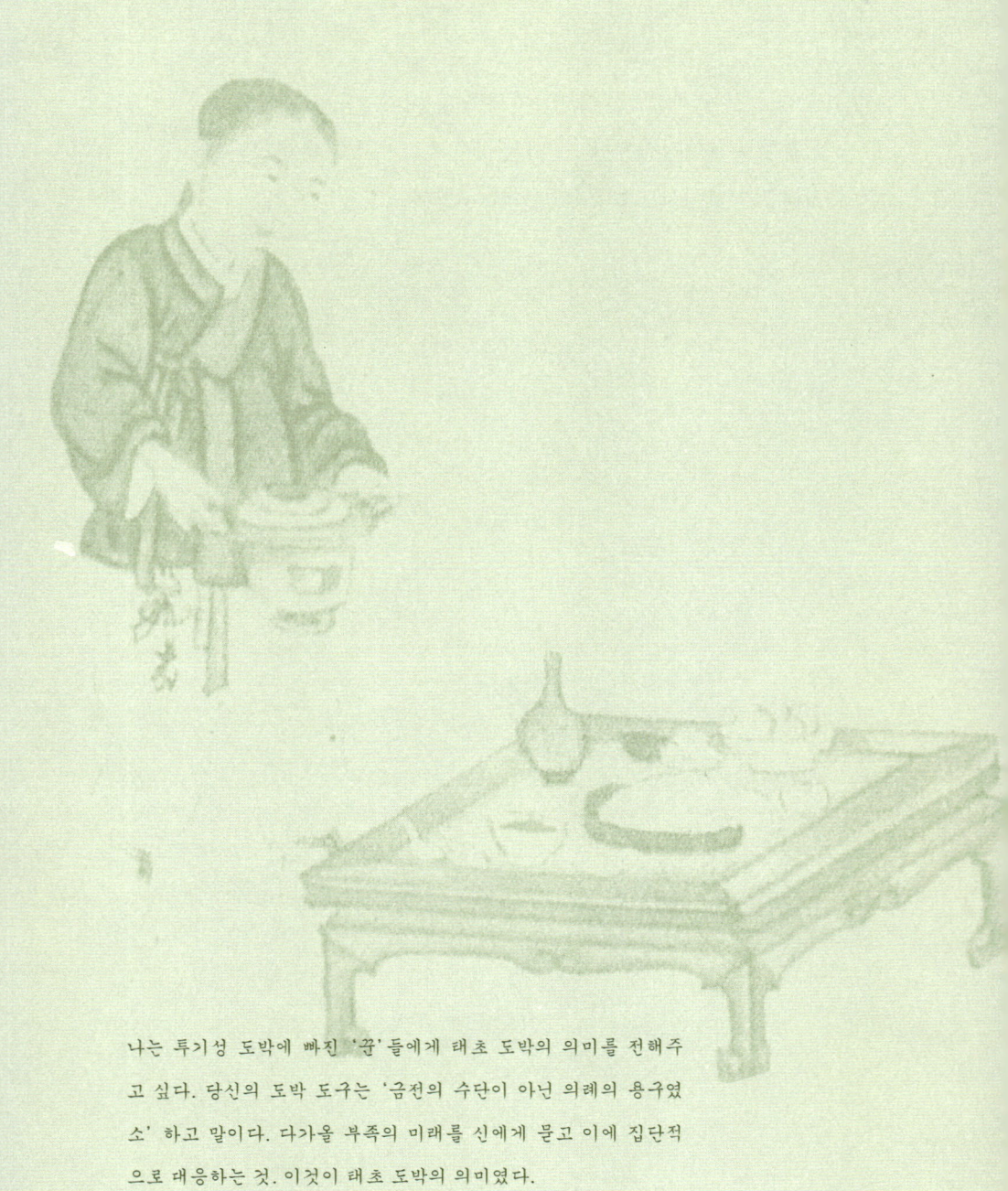

나는 투기성 도박에 빠진 '꾼'들에게 태초 도박의 의미를 전해주고 싶다. 당신의 도박 도구는 '금전의 수단이 아닌 의례의 용구였소' 하고 말이다. 다가올 부족의 미래를 신에게 묻고 이에 집단적으로 대응하는 것. 이것이 태초 도박의 의미였다.

1장 고대 샤먼은 최초의 도박꾼이었을까
도박과 점복

한국인은 선천적인 도박사?

1902년 이탈리아의 선박인 롬바르다호가 암갈색의 황해를 지나 제물포로 향하였다. 갑판 위에는 다소 상기된 얼굴의 까를로 로제티(Carlo Rosseti)가 서 있었다. 그는 말그라백작이 사망한 탓으로 서울 주재 이탈리아 대사직을 승계하라는 본국의 명령을 받았다. "미지의 땅인 꼬리아는 어떤 나라일까?" 호기심과 착잡함이 교차하는 그의 마음은 너울거리는 파도에 더욱 출렁였다.

이렇게 제물포에 도착한 까를로 로제티는 서울에서 약 8개월간 체류했다. 그는 미지의 땅 한국에서 눈여겨봤던 사실을 기록하여 『꼬레아 꼬레아니』라는 책으로 출간하였다. 나는 이 책에서 구한말 한국인의 정치적 상황뿐만 아니라 흥미로운 풍속들을 확인할 수 있었다. 그는 '놀이와 시간 보내기' 장에서 한국인의 내기풍속을 이렇게 이야기했다.

> 한국인은 선천적인 도박사이기 때문에 누구를 응원해야 하는지 잘 안다. 도박에 대한 열정은 아마도 모든 한국인이 천부적으로 간직하고 있는 유일한 것일 듯하다. 심지어 종종 생활필수품조차도 직접 구입하기보다도 내기로 구하려 들 정도이다.[1]

로제티가 말한 대로 한국인은 '선천적인 도박사'일까. 로제티가 다소 놀란 것은 상인과 손님이 서로 매매를 할 때도 내기가 개입된다는 사실 때문이었다. 예를 들면, 가판대 위의 마른 생선·쌀·술 등을 가지고 내기를 한 다음에 매매를 하는데, 만약 상인이 이기면 10센트를, 손님이 이기면 1센트를 지불하는 것이다. 그런데 나는 이 내기에서 사용하는 용구에 더욱 관심이 끌린다. 무엇이냐 하면 바로 산통이었다. 산통은 대나무로 만들어져 있고, 대나무 막대가 가득 들어 있었다. 대나무 막대 끝에는 한자가 새겨져 있는데, 이 꺼낸 대나무를 가지고 우열을 가린다. 이 산통은 제비뽑기 용구에 해당된다.

로제티가 말한 한국인의 천부적인 도박사의 풍속은 지금도 이어지고 있다. 점심

산통과 산가지(서울대박물관 소장).

시간마다 '음식점 및 음식의 종류'로 고민하는 현대의 샐러리맨. 티격태격하다가 합의를 보는 방법은 역시 제비뽑기이다. 나른한 오후, 업무의 집중도가 떨어진다. 정신이 번쩍 드는 것은 이른바 간식내기용 '사다리 타기'이다. 서로의 이름을 써놓고 사다리를 타고 내리면 어느새 사무실에는 긴장감이 팽팽하다. 심심풀이쯤으로 하는 이 제비뽑기에는 눈여겨볼 사항이 숨어 있다. 왜 우리는 제비뽑기의 결과에 승복하는 것일까. 아주 우연적인 결과에 승패를 맡기는 우리의 믿음은 옳은 것일까. 이것은 매우 중요하고 근본적인 물음이다.

제비뽑기로
신의 뜻을 묻다

제비뽑기의 역사를 살펴보면 이 의문이 자연스럽게 풀린다. 고대인에게 제비뽑기는 심심풀이가 아니라 성스러운 결정이었다. 제비뽑기는 신의 답변을 묻는 신성한 의식, 제의祭儀의 과정이었다. 종교의례 속의 제비뽑기는 인류의 문화권에서 공통적으로 나타나는 현상이다. 제비뽑기의 형식은 매우 다양하다. 산통에서 대나무를 뽑을 수 있고, 항아리에서 구슬을 꺼내기도 한다. 주사위를 굴려서 윗면에 적힌 문자로 결정할 수도 있다. 다양한 형식에도 불구하고 공통점은 하나였다. 우연히 얻은 결과를 신의 뜻으로 공감한다는 것이다. 그래서 신의 대답이 필요한 물음이 생기면 제비뽑기로 결정하였다. 이것은 종교발전의 토대로 작용하였을 것

20세기 초 샤먼의 모습.

으로 보인다.

이것은 하나의 가설이 아니다. 나는 『게르마니아』란 책에서 고대 제비뽑기와 신탁神託의 상관적 의미를 찾아낼 수 있었다. 『게르마니아』는 서기 1세기 경 로마제정기의 역사가 타키투스가 쓴 것이다. 최초의 '민족학적·지리적 보고서' 라는 의의가 있는 작품이다. 이 책은 고대 게르만 지역의 역사, 지리, 인종, 언어, 풍속, 군대, 종교 등 아주 폭넓은 지식을 전달해주고 있다. 총 46장으로 되어 있는데 그 중 10장에서 게르만족이 행했던 고대 제비뽑기의 성스러운 의식을 소개하고 있다.

게르만족은 다른 종족들에게는 유례가 없는 점치는 것과 신탁에게 운명을 묻는 것을 행하였다. 신탁에게 묻는 과정은 매우 간단하였다. 그들은 열매가 달린 나무에서 가지를 하나 꺾는다. 그리고 그것을 가늘게 쪼개 막대기로 만든다. 막대기에 특정한 기호를 표시하여 구분케 한다. 그리고 이 막대기들을 여러 사람의 손에 닿도록 하얀 천 위에 아무렇게나 던진다. 그리고서는 부족이 원하는 것이 있으면 부족의 성직자가, 개인이 원하는 것이 있으면 가장이 신에게 기도를 한다. 이때에 그는 하늘을 쳐다보며 세 번 연이어 막대기를 하나씩 들어 올린다. 들어 올린 막대기에서 앞서 표시한 기호를 보고 뜻을 알아낸다.[2]

들어 올린 막대기로 신의 뜻을 해석하는데, 좋은 의미이면 반드시 점을 쳐서 확인한다. 그러나 해석이 좋지 않으면 더 이상 신에게 묻지 않는다. 막대기를 던지는 풍속이 마치 우리의 윷놀이를 연상케 한다. 막대기를 던지는 사람이 성직자나 가장이라는 점도 유의해야 할 대목이다. 던진 막대기를 뽑는 것은 전적으로 우연에 의지하는 것이다. 그러나 고대사회에서 우연을 통해 신의 뜻을 확인하는 제비뽑기 풍속, 이것은 매우 성스러운 의식이었다.

우연적인 놀이로 신의 의지를 확인하는 풍속은 중세로 이어졌다. 중세사회에서 주사위 던지기가 영토분쟁의 해결책으로 이용되었던 일도 있었다. 1020년 스웨덴과 노르웨이 사이의 국경분쟁이 심화되었다. 국경 사이에 위치한 영토의 소유권 문제가 첨예화되어 전쟁이 발발한 상황에 놓인 것이다. 스웨덴과 노르웨이 왕이 합의한 평화적 해결책은 다음과 같은 것이었다. '주사위를 던지자. 그래서 신의 결정에 따르자.' 신은 노르웨이의 손을 들어주었고 스웨덴은 굴복했다.[3] 박흥식은 주사위 놀이로 국경분쟁을 해결했던 중세의 방식을 이렇게 해석했다.

게르만인들에게 주사위 놀이는 신의 판단을 확인하는 주술적 의미를 내포하고 있다. 이는 게르만의 신화에서 신들이 주사위 놀이로 세계의 운명을 정했다는 전승이나 원시공동체에서 주사위를 종교행위의 일부로 사용했던 관습에서 유래한 것으로 추측된다.

이 설명은 고대 제비뽑기의 풍속과 주사위 놀이가 맥을 같이 한다는 풀이다. 모두들 신의를 묻는 주술적인 의미이거나 의례적인 종교 행위 중의 하나인 것이다. 그런데 제비뽑기가 개인의 동반자까지 결정하는 일도 있었다. 18세기 감리교의 창시자인 존 웨슬리(John wesley) 목사는 결혼할 것인지 말 것인지를 제비뽑기로 결정했다고 한다. 최근까지 감리교는 선거를 제비뽑기로 할 것인지에 관해서 논란을 벌이기도 한 종교단체이다.[4]

두룽박 속 제관 뽑기, 신의 선택인가?

제비뽑기 선거제도의 역사는 고대사회로 거슬러 올라갈 수 있다. 고대 도시국가인 아테네에서는 거의 모든 행정관들을 제비뽑기로 선출하였다. 각각의 지역에서 추천한 지원자들을 증명 시험을 거치게 한 후 평의회 의원들이 제비뽑기를 하였다.[5] 성서에도 제비뽑기를 통한 선출방식이 기록되어 있다. 예수의 승천을 보고 온 사도들은 마가 요한의 다락방에 모여 제비뽑기를 한다. 유다의 탈락으로 12사도 중 결원이 생겼으므로 맛디아의 선출을 위해 제비뽑기를 한 것이다.

다수결의 원리에 익숙해진 현대인들은 제비뽑기 선출방식에 다소 의문을 품을 것이다. 그러나 고대인들에게 이러한 방식은 오히려 자연스러웠다. 제비뽑기의 결과를 신의 선택 혹은 신의 결정으로 믿었기 때문이다. 숙명론, 결정론의 관점에서 운명은 절대 우연에 의한 것이 아니다. 우연이라 여겨지는 모든 사건들의 배후에는 신의 의지가 개입되었다고 생각했다. 우리나라의 예는 어떠할까? 한정된 문헌사료에서는 공식적 결정을 제비뽑기로 하는 사례를 찾기가 쉽지 않다. 그러나 더 풍부한 사례를 담고 있는 민속현장을 뒤지다 보면 이를 어렵지 않게 찾아볼 수 있다.

붉은 진달래가 물오르는 2003년의 춘삼월, 나는 우이동 계곡을 따라 삼각산에 올랐다. 인수봉 아랫마을, 우이동 도당굿(혹은 삼각산 도당굿)을 보기 위해서였다. 우이동은 돌출한 암각이 소귀와 같다 하여 지어진 이름이다. 마을 주민들은 해마다 잊지 않고 정성을 들여 도당신에게 굿을 올린다. 나는 당시의 답사에서 꼭 '화주출통법火主出筒法'을 보고자 하였다. 화주출통법은 우이동 도당굿에서만 전해지는 독특한 제관선정방식이다. 약 70년 전 이곳을 답사한 무라야만 지준村山智順을 떠올려보았다. 그는 『부락제部落祭』에서 이렇게 적고 있다.

두룽박이라 부르는 바가지에는 작은 구멍이 뚫려 있다. 깨끗한 사람의 이름을 적은 은행 20개를 골라 두룽박에다 넣는다. 구멍을 위로 향하게 하여 신전에 바치고 제관으로 적당한 사람을 골라달라

삼각산 도당굿의 화주출통법(2003년 4월 4일).

고 기도한다. 두룽박 속에서 처음에 나온 사람이 도화주, 다음이 이화주, 그 다음이 삼화주이다.[6]

도당굿에서 화주는 그 해의 제사를 맡아서 책임지고 일을 하는 제관이다. 2003년의 도당굿에서도 약간의 변화가 있었지만 70년 전 화주출통법이 그대로 재현되었다. 나는 우이동 도당굿의 '두룽박 은행뽑기'에서 한국 고대의 제관선출방식을 떠올린다. 이것은 매우 평등하고 공평한 선출방식이다. 이 속에서는 빈부귀천이 따로 없다. 다만 상喪을 당한 부정한 사람과 깨끗한 사람의 차별이 있을 뿐이다. 제관의 어려움을 고려해 마을사람들이 돌아가면서 맡는 것도 이치에 맞다. 금줄이 쳐지고 황토가 뿌려지고 부부간의 성관계도 금해야 하는 등 제관을 둘러싼 금기는 상당하다. 두룽박 은행뽑기는 이러한 모든 것을 감안하여 신의 선택을 묻는다. 제관의 선정은 결국 영험한 삼각산 신께서 결정하는 것이다.

견당사遣唐使 일행과 제비뽑기

9세기 말 신라로 떠나보자. 신라 제51대 진성여왕眞聖女王의 막내아들 양패良貝가 당나라로 떠나게 되었다. 백제의 해적들이 출몰한다는 소문을 듣고 궁사 50명을 태웠다. 그런데 양패의 배는 풍랑을 만나 곡도鵠島에 꼼짝없이 머물게 되었다. 사람을 시켜 점을 쳐보았다. 섬에 신의 연못神池이 있으므로 제사를 지내면 좋겠다 하였다. 그날 밤 꿈속에서 한 노인이 나타나서 양패에게 말하였다. "활 잘 쏘는 사람을 이곳에 남겨두면 순풍을 만날 것이다." 이 노인은 서해의 용신龍神이었다. 양패가 누구를 남겨둘 것인가를 묻자 모두들 제비뽑기를 하자고 하였다. 각자의 이름을 적은

성산산성에서 출토된 삼국시대의 목간.

목간木簡을 바다에 던져서 가라앉은 자가 남는 방식이었다. 거타지의 목간이 물 속으로 가라앉았다.[7]

거타지의 목간이 가라앉은 것은 필연이었다. 늙은 여우가 서해 용신의 간을 빼앗아 먹으려 했기 때문에 거타지의 도움이 절실했던 것이다. 거타지는 궁술弓術의 달인이었으므로 서해신의 요청대로 늙은 여우를 활로 쏘아 죽였다. 덕분에 거타지는 서해신의 딸을 신부로 얻을 뿐만 아니라 당나라 사람들에게서 금과 비단을 후하게 얻는다. '전설 따라 삼천리'풍의 이야기에서 제비뽑기 사건만은 예사롭지 않게 들린다. 풍전등화의 상황 속에서 제비뽑기는 신과의 의사소통 수단이었다. 낮은 생산력의 고대 사회에서 자연재해의 위기에 직면했을 때 무엇을 할 수 있겠는가. 제비뽑기 의례는 신의 의지를 듣는 일종의 창구이다.

한 가지 의문이 든다. 양패 일행이 던진 목간이란 과연 무엇인가? 왜 제비뽑기에 목간이 사용되었을까? 목간은 문서기록용 재료였다. 종이가 사용된 이후에도 목간은 계속해서 사용되었다. 종이가 귀하기도 했지만 목간의 내구성이 좋아서였다. 그래서 목간은 고대에는 물품의 꼬리표, 신분을 증명하는 통행증, 간단한 메모용으로 널리 사용되었다. 한국의 고

능산리 목간. '봉의奉儀'라는 명문이 선명하다.

대 목간은 소나무, 일본의 경우에는 삼나무가 많이 사용되었다. 중국에서는 대나무로 만든 죽간竹簡도 널리 사용되었다.[8] 목간은 글자를 쓰거나 표식을 할 수 있는 긴 나무 편이었다. 현재 우리가 제비뽑기를 할 때 먼저 눈에 띄는 것은 종이이다. 아무 종이나 일정하게 잘라서 보이지 않게 표식을 한다. 고대인들이 흔히 사용할 수 있는 것은 목간이었다. 먹물이 잘 흡수될 수 있도록 다듬은 후에 끈으로 묶어 지니고 다닌다. 제비뽑기가 필요할 때는 언제든지 사용할 수 있다.

목간의 의문은 풀렸으나 또 다른 의문이 생긴다. 거타지의 목간은 일상생활에 사용하는 목간과는 사뭇 다른 느낌이 든다. 바다에 던진 목간, 서해 용신이 끌어당긴 목간은 주술의례용으로 비춰진다. 잠시 능산리 목간을 살펴보자. 부여의 능산리 유적에서는 주술의례용 목간이 발견되어 화제가 되었다. 잘생긴 남근男根 형태, 생김새부터 희한하였다. 이 목간에는 '奉儀'라고 기록되어 있었다. 윤선태 교수는 이 목간을 '사비도성 축성기간 내 부역으로 동원된 민중들을 위무하기 위한 의례에서 사용되었을 것'으로 추정하였다. 그렇다면 거타지의 목간과 능산리 목간과의 친연성이 생겨난다. 고대인들이 풍랑을 만났을 때 해신海神에게 제사를 지내는 일은 매우 당연하다. 양패도 점을 치고 제사를 지냈다. 양패 일행이 던진 목간, 그것은 신에게 바치는 주술의례용이 분명하다.

주술의례용 목간의 전통은 유구히 흘러왔다. 잠시 점占집으로 그 증거를 찾아 떠나보자. 점집에서는 점을 치는 도구로 쌀, 돈, 방울, 나뭇가지, 재, 가루 등 여러 가지 재료들이 이용된다. 따라서 방법도 참으로 다양하다. 척미점擲米占, 전점錢占, 영점鈴占, 신장점神將占, 초혼점超魂占 등. 그 중에서 목간을 이용하는 신첨점神籤占이 있다. 30cm 크기의 목편木片·죽편竹片에는 번호가 표기되어 있다. 이것을 작은 구멍이 뚫린 목제 원통 속에 넣는다. 점술사들은 원통을 흔들다가 나온 죽편을 가지고 첨서籤書와 대조하여 운명의 길흉을 판단한다.[9] 산통점算筒占 역시 이와 다르지 않다. 단지 산목算木이나 산가지를 8개 넣어두고 뽑아서 효爻를 얻는다는 것이 다를 뿐이다. 신첨점神籤占과 산통점算筒占 모두 일정한 표식이 된 나무조각을 사용한다는 점에서 주술의례용 목간과 통하는 것이다.

점복기원설占卜起源說로 바라본 도박

고대 목간은 놀이와 의례, 도박과 주술이 한 울타리에 놓여 있었다는 사실을 알려준다. 신앙과 종교 속에 놀이와 도박이 미분화된 상태라고 이야기해야 할까? 동서고금에 걸쳐 많은 학자들은 점술과 도박, 의례와 도박의 상관관계에 대해서 설득력 있는 주장을 해왔다. 이 주장의 맥락은 바로 점복기원설占卜起源說이다. 이 설說을 가장 강하게 주장한 것은 스튜어트 컬린(Stewart Culin, 1858~1929)이다. 컬린은 펜실베니아 대학의 박물관 관장을 역임하였다. 그는 주사위 놀이, 중국의 도박 게임, 아프리카 만칼라 게임 등 놀이와 도박에 관하여 꾸준히 연구를 진행했다. 그는 한국에 한 번도 온 적이 없다고 한다. 그런데 놀랍게도 다양한 유물과 문헌을 참조하여 『Korean Games – With Notes on the Corresponding Games of China and Japan(한국의 놀이 – 유사한 중국, 일본 놀이와 관련하여)』이란 저서를 출간했다. 이 책에서 그는 다음과 같이 놀이의 기원이 주술이라고 강조하였다.

> 나는 놀이가 의식적인 발명품이 아니라 주술적 의식에서 시작된 원시 상황의 잔존물로, 그리고 주로 접술수단으로 여겨져야만 한다고 생각한다. 놀이에는 우주의 어떤 근본적인 개념에 근거해서 서로 똑같지는 않더라도 전 세계적으로 나타나는 어떤 유사한 특징이 있다.[10]

한국의 무당.

그는 특히 화살을 이용한 놀이에 주목하였다. 그는 화살 놀이를 통하여 고대의 우주원리와 주술성을 해석하고자 하였다. 고대사회에서 궁술弓術은 매우 중요하였다. 궁술은 당시 보편적인 무력武力이기도 했지만 의식과 음악이 곁들여진 놀이로서 다양하게 활용되었다. 그는 이러한 다양한 놀이 속에 숨겨진 주술성을 놀이의 기원으로 강조하였다.

우리나라의 학자들도 대체로 스튜어트 컬린과 비슷한 견해를 갖고 있다.

축제 전문가인 이상일 교수에 따르면, 투전이나 골패와 같은 도박용구는 다름 아닌 점복의 도구이다. 도박이 갖는 수동적 운명의 수용이 점복형식에 가장 정확하게 나타난다는 것이다. 즉 도박이라는 행위는 점복형식을 제의에서 오락으로 바꾸어, 특정 시기의 점복을 불특정 시기까지 놀이로 확장한 것이라고 한다. 그의 주장을 요약하면 이렇다. '점복은 제천행사와 같은 특별한 날에 행해졌지만 이것이 일상적인 오락으로 행해지면서 도박으로 변하였다.'

과연 도박은 제의와 점술에서부터 출발했을까? 사실 음악, 예술, 놀이 등 모든 문화의 첫 걸음은 종교적 제의로부터 시작되었다. 하늘에 대한 제천 의식은 신에 대한 의례의 장이자 축제의 장이었다. 고대의 우리 민족은 영고迎鼓, 동맹東盟 등과 같은 국중행사를 열어 하늘에 제사를 지낸 후에 음주, 가무, 놀이 등을 즐겼다. 다양한 문화의 요소들이 고대의 제천행사에서 무럭무럭 싹터 나갔던 것이다.

비교문화사적인 관점에서 일본의 마쯔리神祀를 살펴보자. 현대의 마쯔리는 종교성이 약화되고 축제성이 강화되어 볼거리를 위한 문화상품쯤으로 보인다. 그러나 근대시기까지만 하더라도 주술적·점술적 요소가 매우 강한 마쯔리가 벌어졌다. 그런데 이 행사에서 세속적인 도박판이 벌어졌다. 신사神社 내부의 보관 상자에는 어울리지 않게 주사위를 비롯해서 도박용구들이 들어 있었다. 일본의 도박사賭博史를 정리한 사타 준이치로紀田順一郎는 마쯔리와 도박이 불가분의 관계를 갖고 있으며, 이것의 의미는 원시사회의 종교감각에서 구해야 한다고 주장하였다.[11] 그 역시 도박의 점복기원설을 강하게 뒷받침하고 있는 셈이다.

일본의 마쓰리 풍경.

　그렇다면 태고적 도박꾼은 고대 주술자가 아닐까? 한국의 고대사회에서 주술자는 다양한 이름으로 불렸다. 일자日者, 일관日官, 사무師巫, 무자巫者, 점복관占卜官 등. 고대사회에서 그들은 존경받는 자였다. 하늘의 뜻을 아는 자, 자연의 이치를 바라보는 자, 부족의 운명을 좌지우지하는 자였다. 신라의 제2대 왕은 남해차차웅南解次次雄이다. 신라 성덕왕聖德王(702~737)대 학자인 김대문金大問은 "차차웅은 자충慈充이라고 하며, 이것은 방언으로 무巫를 의미한다"고 하였다.[12] 왕을 상징하는 차차웅의 개념이 무巫와 상통한다는 말이다. 고대 제정일치의 전통이 아닐 수 없다. 의례과정에서 제비뽑기는 특별한 자질을 가진 주술자에 의해서 수행되었음이 분명하다. 막대기, 동물뼈, 화살 던지기 등은 신성한 행동이므로 제비뽑기의 권한은 이들이 갖고 있었던 것이다.

　고대 그리스 로마의 사원에서도 성직자들이 주사위를 던졌다. 그

이집트의 저승신 오시리스 조각상.

들은 신성한 판 위에서 4개의 주사위를 던진 뒤에 점술책을 참조하여 그 의미를 해석하였다. 각각의 결과들에는 신들의 이름이 부여되었다. 예를 들어 '1.3.3.4.4=15'가 나오면 제우스Zeus이다. 이것은 '그대는 명상가이니 과감하게 행동하라. 당신에게 불행은 일어나지 않을 것이다' 등의 뜻을 지니고 있다. 이집트에서 발견되는 몇 개의 주사위는 갈색의 석회암으로 만들어졌다. 각 면에는 신들의 상징이 그려져 있다. 여기에는 이집트의 저승신 오시리스(Osiris), 풍작을 관장하는 여신인 이시스(Isis), 태양신 호러스(Horus), 사랑과 환희의 여신 하토르(Hathor) 등 이집트 신화 속에 출현하는 신들이 있다.[13] 이 주사위는 점복 의례의 과정에서 사용된 매우 신성한 것이다. 그러므로 제사를 주관하는 성직자들에 의하여 특별한 기간에 사용되었을 것으로 본다.

복사뼈 주사위의 비밀

내 손에는 잘 다듬어진 주사위가 들려 있다. 현대의 정육면체 주사위, 보통 셀룰로오스나 플라스틱으로 만든다. 카지노와 같은 도박판에서, 아이들의 보드게임에서 주사위는 구르고 또 구른다. 그런데 주사위를 던지는 이들, 혹시 '뼈 주사위'를 들어본 적이 있을까? 고대의 주사위는 다양한 재료로 만들었다. 복숭아씨, 자두씨, 작은 돌, 동물이빨, 사슴뿔, 동물뼈, 상아 등. 그중 가장 흔하게 사용된 것이 소·양의 복사뼈였다. 복사뼈는 발목 아래에 도드라진 부분이다. 이 뼈들은 견고하고 골수가 없을뿐더러 단단하고 내구력이 있다. 모서리가 1인치 정도의 정육면체 모양이므로 주사위를 만들기에 좋은 부위가 아닌가.[14]

　선사시대의 유적지에서 복사뼈 주사위를 무더기로 발견하는 일들이 적지 않다. 이집트, 그리스·로마, 바빌로니아 등의 유적에서 뼈 주사위는 흔한 유물이다. 북이라크에서 발견된 주사위가 가장 초기의 것으로 알려졌다. 뼈 주사위의 시초는 각 면에 표시를 한 4면체였다고 한다. 각 면에 1,3,4,6을 뜻하는 표식이 있는 주사위도 있었다. 15세기의 학자 토메우스(Nicolas Leonicus Tomeus)는 주사위 계산법을 이렇게 설명한다. "넓고 볼록한 윗면은 4, 넓고 움푹 들어간 아랫면은 3, 좁고 평평한 옆면은 1, 좁고 움푹 들어간 또 다른 면은 6." 서양에서는 아이들이 복사뼈 주사위로 노는 풍습

내 손에 들린 주사위.

1장 | 고대 샤먼은 최초의 도박꾼이었을까-도박과 점복

이 오랫동안 지속되었다. 아직도 주사위의 속어로 '뼈(bones)'라는 말이 남아 있다.[15] 뼈 주사위는 고대인들이 미래를 점치는 데 사용한 신비한 기구였다고 한다. 고대인들은 점복의례와 제비뽑기에서 많이 사용하였다. 복사뼈를 굴리면 멈추게 되었고 이로써 신의 뜻을 해석하였다.

뼈 주사위의 실제에 다가서기 위해서는 뼈의 상징성을 논할 필요가 있다. 사실 '뼈'만큼 의미심장한 뜻을 지닌 단어도 없다. 우리는 고통이 사무치거나 힘에 겨울 때 '뼈 빠지게'라고 표현한다. 원한이나 고통 따위가 강렬할 때 '뼈에 사무친다'고 한다. 가풍과 줏대 있는 가문을 '뼈있는 집안', 은근히 속 있는 말을 전달할 때 '뼈있는 말을 한다'고 한다. 죽을 때 가장 많은 유언은 아마도 '뼈를 고향에 묻어 달라'일 것이다. 뼈는 살과 근육을 받치고 있는 얼개이자, 죽어서까지 오랫동안 남아 있는 단단한 조직이다. 뼈로 주사위를 만드는 고대인의 관념에는 이러한 뼈의 상징성이 강하게 작용하고 있었을지 모른다. 움직이는 몸체의 정수精髓이자 가장 오래 남는 뼈. 신의 말씀을 가장 잘 받아들일 수 있는 재질로 생각되지

성산산성에서 출토된 가야시대의 복골.

않았을까?

　오랫동안 동물뼈는 신의 말씀을 듣는 도구로 사용되어 왔다. 동아시아 고대사회에서 점술용으로 가장 많이 사용된 것은 복골卜骨이라 불리는 동물뼈이다. 우리나라에서도 많은 발굴 유적에서 복골이 발견되었다. 전북의 여방리 유적, 광주의 신창동 유적, 경남의 늑도 유적, 경북의 임당 유적 등지에서 출토되었다. 희생된 동물은 멧돼지, 사슴, 노루, 소 등으로 다양하다. 부위는 어깨뼈, 갈비뼈, 발굽, 뿔 등을 사용하지만 견갑골이라는 어깨뼈가 제일 많이 사용되었다.

　왜 하필 어깨뼈일까? 어깨뼈는 목과 척추, 다리를 이어주는 중요한 부위에 있다. 몽골에서는 양을 도살했을 때 어깨뼈의 고기를 권력자 혹은 연장자에게 나누어준다. 알타이 퉁구스 민족은 짐승을 죽일 때도 어깨뼈를 먼저 분리하고 나서 짐승이 죽는 것을 길하다고 여긴다. 그래야 견갑골이 신선하여 신성神性을 지니게 된다고 한다.[16] 어깨뼈는 동물뼈 중 유일하게 신성시되고 있던 것이다.

　혹 고대의 문헌에서도 복골의 근거를 찾을 수 있을까? 고대의 중국 정사正史인 『후한서後漢書』와 『삼국지三國志』에는 다음과 같은 기사가 보인다.

　　전쟁을 하게 되면 그때에도 하늘에 제사를 지낸다. 소를 잡아서
　　그 발굽을 가지고 길·흉을 점친다.[17]

　　전쟁을 하게 되면 그때도 하늘에 제사를 지낸다. 소를 잡아서 그

발굽을 보아 길흉을 점치는데, 발굽이 갈라지면 흉하고 발굽이 붙으면 길하다고 생각한다.[18]

위 기록은 소 발굽으로 점쳤던 부여의 풍습이다. 부여는 기원전 2세기 무렵부터 북만주 지역에 있던 고대국가이다. 서쪽으로는 선비족鮮卑族, 남쪽으로는 고구려의 위협을 받아왔다. 당시 고대국가 사이에서는 치열한 영토 전쟁이 벌어지고 있었다. 전쟁은 국가의 존망과 직결되는 문제였으므로 출정 전에는 하늘의 뜻을 물었다.

동물뼈를 가지고 미래의 일을 점쳐보는 풍속은 혹시 수렵사회의 유풍이 아닐까? 고전적인 인류학자들은 대체로 수렵사회를 농경사회의 이전 단계로 설명하고 있다. 이 사회는 농경사회와 달리 이동성이 크고 불안정한 생활을 했다. 동물을 사냥하거나, 가축을 키워서 식생활을 영위하기 때문이다. 동물이 중요한 식원食源이었으므로 고기를 잘라낸 뒤 남은 동물뼈는 다양한 용도로 사용되었다. 성스러운 의례용구, 멋을 내는 장식용구, 실질적인 식생활 용구일 뿐만 아니라 노동의 피로를 풀어주는 놀이용구까지. 복사뼈 주사위도 수렵사회가 만들어낸 의례용구로 보면 어떨까.

도박과 점복의
경계 허물기

점술용·의례용 도구가 어떤 과정을 거쳐 도박용 기구로 분화한 것일까? 먼저 우연의 결과에 승부를 거는

'내기'가 영향을 미쳤을 것으로 보인다. 내기는 승부를 지향하는 인간의 마음에서 비롯된다. 이것은 점복을 통하여 다가올 미래를 예견하고자 하는 속성에 그 결과를 가지고 승패를 정하는 '놀이'의 성격을 더한 것이다. 인간은 '재미있는 내기'를 위해서 각종 규칙을 정하고 사용하는 도구를 더욱 정교히 다듬었을 것이다. 점차 의례와 점술의 성격을 벗어나 놀이와 도박의 영역이 생겨나는 것이다.

사회적으로는 어떤 변화가 필요한 것일까? 도박을 위해서는 인간의 활동주기 가운데 '여가', 즉 '쉬는 시간'이 생겨야 한다. 이를 위해서는 생산력의 증가와 계급의 분화가 필요하다. 사회적 생산력이 커지면 잉여생산물이 쌓인다. 잉여생산물은 인간에게 생산적 활동인 노동뿐만 아니라 다른 활동을 할 수 있는 여유를 가져다 준다. 또한 계급의 분화는 지배계층에게 훨씬 여유로운 생활을 가져다주고 놀이, 예술, 스포츠 등 '생산 이외의 세계'에 대하여 탐구하게 한다. 실제로 주사위가 발견된 유적들은 고대 지배계층의 무덤이 대부분이다. 이 유적들은 초창기 도박이 지배계층에 의해서 유희되고 있음을 보여준다.

점통(서울대박물관 소장).

도박이 분화된 이후에도 여전히 경계가 모호해질 때가 있다. 잠시 조선 후기 실학자인 유득공柳得恭이 저술한 『경도잡지京都雜志』를 넘겨보자. 이 책은 일년 주기마다 돌아오는 세시일의 풍속을 기록한 '세시풍속지'이다. 이곳에는 설날에 윷을 던져 새해의 길흉을 점치는 윷점이 소개되어 있다.

① 도·도·도 : 건乾 …… 어린아이가 엄마를 만난다.
② 도·도·개 : 이履 …… 쥐가 창고에 들어간다.
③ 도·도·걸 : 동同 …… 어두운 밤중에 촛불을 얻는다.
④ 도·도·모 : 무망无妄 …… 파리가 봄을 만난다.
⑤ 도·개·도 : 구姤 …… 큰 물이 거슬러 흐른다.
⑥ 도·개·개 : 송訟 …… 죄지은 자가 공을 세운다.

이런 점괘는 총64괘가 있다. 윷점은 음양오행과 수리를 기초로 하여 주역周易의 괘卦를 만들어 해석하는 작괘점作卦占의 일종이다. 윷을 세 번 던져서 짝을 지은 다음 64괘에 짝을 맞추어 해석하는 것이다. 윷놀이는 그 자체로도 농사의 풍흉을 점치는 의미를 갖고 있다. 이규경李圭景의 『오주연문장전산고五洲衍文長箋散稿』에서는 "고지대가 이기면 산농山農에 풍년이 들고, 저지대가 이기면 수향水鄕에 풍년이 든다"고 하였다. 윷놀이의 승부가 풍흉의 예언으로 여겨졌다는 말이다. 마을간 윷놀이 승부가 치열할 수밖에 없었음을 짐작하게 한다. 또한 윷놀이가 의례용으로 회유回遊할 수 있음을 짐작할 수 있는 대목이다.

다른 사례는 어떨까? 독자들은 소일거리로 화투패를 넘기면서 하루 운세를 점치는 어르신들을 많이 보아왔을 것이다. 나 역시 겨울날 뜨뜻한 안방에서 화투패를 뒤집으며 하루 일을 점치는 어르신에 대한 기억이 선명하다. "어이구, 풍이네, 늦가을 단풍지니 겨울날 근심이 남았구나. 그렇지 오동이구나, 동짓달 오동나무 생기니 돈 들어올 일 있겠구나. 얼씨구 홍싸리다, 돼지 한 마리 깃드니 행운이 올 수다." 어르신의 표정은 고대의 점술사처럼 진지했으며, 점괘의 해석이 매우 그럴 듯해 보였다. 나는 투기성 도박에 빠진 '꾼'들에게 태초 도박의 의미를 전해주고 싶다. 당신의 도박 도구는 '금전의 수단이 아닌 의례의 용구였소' 하고 말이다. 다가올 부족의 미래를 신에게 묻고 이에 집단적으로 대응하는 것. 이것이 태초 도박의 의미였다.

삼국시대의 주사위 놀이는 어땠을까? 1975년 안압지 발굴 현장에서는 엄청난 유물들이 쏟아졌다. 와전류瓦塼類를 비롯해서 3만여 점의 유물이 출토되었다. 26동의 건물지를 비롯하여 헤아릴 수 없는 유적이 발견되었다. 그중 신라 귀족들의 연회宴會 풍습을 잘 보여주는 유물이 나왔다. 바로 '목제木製 주사위'였다.

二장 신라의 귀족, 주사위 놀이로 밤을 지새다
도박과 주사위

신라의 처용은
어떻게 놀았을까?

높게 뜬 경주慶州의 달이 임해전臨海殿을 비추고 있다. 건장한 사내가 술에 취해 임해전의 문을 나서고 있다. 코는 높고, 눈은 움푹 들어간 심목고비深目高鼻의 얼굴을 가진 사내, 그는 신라에서 서역인 '무하마드'로 불리던 처용이었다. 그의 머리 속에는 '연회용 주사위 놀이'의 기억이 아직 가시지 않고 있다. 취흥이 오르면 매번 헌강왕은 주사위를 굴리자고 졸라댔다. 처용이 주사위를 굴릴 때마다 항상 낭패를 보았다. 구르다 멈추는 윗면은 항상 '술 세 잔 한 번에 마시기'가 아닌가. '후훗' 그래도 처용은 빙그레 미소를 지었다. 이슬람 상인인 압둘라로부터 받은 장식

처용가면. 처용은 심목고비深目高鼻의 얼굴을 지녔다고 전해진다.

보검과 유리제품을 내밀었을 때 헌강왕의 약속이 떠올랐기 때문이다. '급간級干'이란 벼슬을 받을 생각을 하니 벌써부터 마음이 두근거렸다. 이 생각 저 생각을 떠올리다 보니 어느새 처용은 자신의 문 앞에 도착하였다. 아, 아내 선화는 무엇을 하고 있을까. 백옥 같은 살결, 촉촉이 젖은 붉은 입술. 그는 아랫도리가 불끈하는 것을 느끼며 자신도 모르게 문고리를 힘껏 당겼다.

위 글은 처용이 '역신疫神과 동침하고 있는 아내'를 보기 전까지 저녁 일과를 가상으로 짜본 것이다. 신라의 처용은 민속학자·국문학자·역사학자들이 앞 다퉈 연구해 온 인물이다. 관련 논문만도 수십 편에 이를 정도로 신라의 문화를 해석하는 데 중요한 인물로 여겨진다. 나는 그 유명한 「처용가」를 볼 때마다 하나의 의구심을 떨쳐버릴 수 없었다. 처용가의 첫 대목은 바로 "동경東京 밝은 달에, 밤새도록 노닐다가"이다. 이것을 볼 때마다 '처용이 도대체 무엇을 하며 밤새도록 놀았을까' 하는 의문이 드는 것이다. 처용무에 대한 한시漢詩와 당시의 정황을 검토해보았을 때 술을 마신 것은 사실로 보인다.[1] 그런데 술만 마셨을까? 연회를 했다면 가무歌舞까지 즐기지 않았을까? 가무에 지쳤을 때는 안압지에서 발견된 '목제 주사위'를 가지고 놀지 않았을까? 이 장은 바로 이러한 물음에서 출발한다.

도미都彌와 도박을 해서 이겼도다

먼저 삼국시대 사람들이 즐겼던 놀이를 살펴보자. 『신당서新唐書』에서는 고구려의 풍속으로 "바둑, 투호, 축국蹴鞠을 즐긴다"고 하였다.[2] 『북사北史』에서는 "백제인들의 오락으로 투호投壺, 저포樗蒲, 농주弄珠, 악삭握槊 등이 있는데 특히 바둑을 좋아한다"고 하였다.[3] 『북사』와 『수서隋書』에서는 바둑·악삭·저포 등과 같은 놀이들이 왜倭에서도 즐겼던 유희라고 하였다. 그러므로 이러한 놀이들은 신라인들도 보편적으로 즐겼던 놀이로 볼 수 있을 것 같다.

『삼국사기』에는 신라인들이 축국과 바둑을 했다는 이야기가 전해진다. 특히 김유신과 태종 무열왕의 축국 이야기는 이미 잘 알려져 있다.[4] 김유신은 태종(김춘추)과 축국을 하다가 옷고름을 일부러 밟아 떨어뜨렸고, 태종은 옷고름을 달아주는 김유신의 누이 보희에게 흠뻑 반하고 말았다.[5] 김유신이 왕가와 사돈 관계를 맺으려고 축국을 이용한 것이다. 또

「기사사연도耆社私宴圖」의 처용무 부분그림(조선시대).

송나라의 축국 풍속(소한신의 「장춘백자도」 중 부분그림).

고대의 육박놀이 판. 다양한 문양이 장식되어 있다.

한 『삼국사기』의 효성왕孝成王 편을 보면 "당나라의 현종玄宗이 신라인이 바둑을 잘 두므로 양계응楊季鷹을 형숙邢璹의 부관副官을 삼았더니 신라의 고수高手들이 모두 그 아래에 있다"는 기록이 있다. 신라인들이 바둑을 좋아했을 뿐더러 상호간 대국을 벌여서 승자를 결정했던 사실을 가르쳐준다.

도박과 관련된 역사적 사례는 없을까? 『삼국사기』와 『삼국유사』 CD에서 '도박賭博'이라는 단어를 검색해보면 아무 기록도 나오지 않는다. 그도 그럴 것이 당시에는 보통 '박博' 혹은 '박博'이란 한자가 사용되었다. 도박賭博이라는 단어는 당송唐宋 시기 이후에나 사용되었다고 한다.[6] '박博'은 어렵사리 『삼국사기』의 개루왕과 도미에 얽힌 이야기 속에서 찾아볼 수 있다. 매우 귀중한 기록이라 하겠다. 백제의 4대왕인 개루왕蓋婁王(?~166)은 도미의 아내를 탐하려는 음탕한 인물이었다. 도미는 예의범절이 바르고 아름다운 부인과 살고 있었다. 이 부인에게 연정을 품은 개루왕은 의도적으로 도미를 집 밖에 머물게 한 후, 도미 아내를 범하려고 접근하였다. 그리고 내뱉은 말이 다음과 같았다.

> 내가 오래 전부터 너의 아름다움을 듣고 좋아하였다. 도미와 내기를 해서 이겼으므로 너를 얻게 되었다. 내일은 너를 데려다 궁인

으로 삼을 것이니, 이후부터 네 몸은 나의 것이니라.我久聞爾好 與都
彌博得之 來日入爾爲宮人 自此後爾身吾所有也

　도미 아내는 꾀를 내어 하녀를 단장시켜 방으로 보내고 그 자리를 피했다. 그러나 사실은 곧 발각되고 말았다. 개루왕의 분노는 극에 달했고, 도미는 눈알을 빼내는 끔찍한 형벌을 받게 된다.[7]

　여기서 개루왕이 말한 '博박'은 '도박하다' 혹은 '내기하다'의 뜻을 갖고 있다. 그런데 이 한자는 특별한 도박도구로서의 뜻도 지니고 있다. 아주 오래 전에는 '博'은 '簙박'으로 쓰였다고 한다. 중국 최초의 자전字典인 『설문해자說文解字』를 보면, "박簙은 국희局戱로서 6개의 막대기箸와 12개의 돌棋을 쓴다. 옛날 사람 오조烏曹가 박을 만들었다"고 하였다.[8] 이것은 최초의 도박놀이를 설명해주는 매우 중요한 단서이다. 국희局戱는 장기·바둑·윷 따위를 놀 때 말을 움직이는 판이다. 우리나라에서는 '밭'이라고 하지 않는가. 그렇다면 한문의 어원상으로 보건대 최초의 도박놀이는 '6개의 막대기를 던지고 12개의 말을 판 위에 움직이는 형식의 놀이'로 볼 수 있을 것 같다. 사실 이 '簙'은 도박의 뿌리이다. 이후의 모든 도박이 이로부터 갈래가 형성되었다.

　잠시 기원전 3500년경 이집트 고대벽화로 여행을

육박놀이를 하는 남자상(동한시대).

떠나볼까. 이 벽화에는 최초 도박놀이의 실마리를 풀어주는 또 다른 단서가 있다. 이 벽화에는 복사뼈로 놀고 있는 고대인의 놀이 풍경이 있다. 귀족으로 보이는 남자는 손가락 끝에 복사뼈를 올려놓고 있다. 하인으로 생각되는 남자들은 커다란 판 안에 서 있다.[9] 복사뼈가 던져진 결과에 따라 하인이 판 위를 걸어 다니는 놀이풍습을 그린 것이다. 복사뼈는 '윷'이요, 하인은 '말', 그리고 커다란 판은 '말판'인 것이다.

  이집트의 고대벽화는 박博보다 훨씬 오래 전의 풍속으로 짐작된다. 처음에는 노예나 하인들을 말로 삼아서 판 위를 돌리다가 불편함을 느꼈을 것이다. 그래서 점차 축소된 형태의 도박기구를 만들게 된 것이 아닐까. 이집트 벽화든 도박기구인 '박'이든 기저에 깔린 운용 원리는 똑같다. 첫째, 점수가 표시된 무엇을 던진다. 둘째, 그 결과에 따라서 말을 움직인다. 셋째, 먼저 말이 결승점을 통과한 편이 승리자가 된다. 이것은 도박 놀이의 역사를 관통하는 가장 중요한 방식이다.

마왕퇴 무덤의
도박 기구 세트

  독자 여러분들은 한 번쯤 이 유적의 이름을 들어보았을 것이다. 후난성湖南省 창사시長沙市에 소재한 한나라의 마왕퇴馬王堆 고분. 1971년 12월 암울했던 문화대혁명 시기 군인들이 방공호를 파다가 드러난 이 지하궁전은 온 세계를 떠들썩하

게 했다. 기원전 168년에 조
성된 마왕퇴 1·2·3호 무
덤에서는 견직물·칠기·
목용·죽간·백서帛書·각
종 씨앗 등 실로 놀랄 만한 3
천6백여 점의 유물들이 쏟
아져 나왔다. 이 가운데 매
우 완벽한 도박기구 세트가
출토되었는데 바로 박博이

마왕퇴 고분의 발굴 모습.

었다.『마왕퇴의 귀부인』을 저술한 웨난의 말을 들어보자.

　도박기구 세트가 북쪽 변상의 서쪽에서 출토되었다. 박국博局과
주마합籌碼盒(산가지함) 등으로 이루어져 있다. 박국은 나무로 만
들었고, 사각형에 가깝다. 길이 45.5cm, 너비 43.7cm, 두께 2cm이
다. 4개의 사다리꼴과 2개의 이등변삼각형으로 만든 나무 판자를
잇대어 만들었다. 정면에는 검은 옻칠이 되어 있고, 위에는 규구문
規矩紋이 있다. 네 군데에는 잘라서 붙인 새 모양의 장식이 있으며,
주위에는 붉은 칠이 되어 있다. 주마합은 나무로 만들었고 옻칠이
되어 있으며, 길이와 너비 모두 24.9cm, 높이 17cm이다. 함 아래 네
귀퉁이에는 다리가 있다. 함 내부는 사각형·직사각형 그리고 타
원형 격자를 이루고, 안에는 뼈로 만든 사각형 모양, 젓가락 모양의
산가지와 뼈로 만든 환수도環首刀(머리부분이 둥근 칼), 나무로 만
든 칼, 자귀 등의 작은 공구가 들어 있었다.[10]

마왕퇴 제3호 고분에서 발견된 도박기구.

마왕퇴 고분은 '승상 대후'라는 작위를 가진 이창利蒼, 부인 신추, 그의 아들 묘 등 모두 3기로 조성되어 있다. 위 도박기구는 아들 무덤인 제3호에서 발견되었다. 이 박博 기구는 귀족들의 호화스럽고 사치스러운 생활을 잘 반영하고 있다. 초기의 도박 도구는 백성들의 것이 아닌 상층 귀족계급들의 전유물이었다. 마왕퇴의 고분 이외에도 진·한 시기의 수많은 고분군에서 도박기구가 발견되었다. 그 무덤의 주인은 모두들 내로라하는 귀족계급이었다.

이 발굴품에서 공통적으로 발견되는 4가지 도구가 있다. 첫째는 말판博局, 둘째는 말骨棋子, 셋째는 막대기箸, 넷째는 주사위煢 또는 殹이다. 말판은 네모난 모양의 목제품으로 매우 정교하다. 말은 상아 혹은 청옥靑玉, 수정水晶으로 만들어졌으며 형태는 다양하다. 이것은 총 12개인데 하얀 말, 검은 말이 각각 6개씩이다. 막대기는 대나무 관竹管의 형태로 보통 6개이다. 주사위는 대부분 18면체로, 한쪽 면에는 '驕'자가 대칭면에는 '襲', '妻男' 등이 적혀 있다. 나머지 16면은 1에서 16까지의 숫자가 적혀 있다.[11] 주사위에 적힌 글자는 무엇을 의미하는 것일까? '교驕'는 '교만하다, 제멋대로 하다'의 뜻을 지니고 있다. 그렇다면 이것은 '말을 마음대로 움직일 수 있다'라는 뜻이 아닐까.

　이 '박' 중에서 유심히 살펴볼 도구가 바로 막대기와 주사위이다. 막대기와 주사기는 모두 말을 움직이는 역할을 한다. 이 막대기와 주사위가 던져진 결과에 따라서 말을 움직인다. 중국 남북조南北朝 시대 말기의 귀족 안지추顔之推(531~591)는 막대기와 주사위로 박博을 구분했다. 그가 자손을 위하여 저술하였다는 교훈서인 『안씨가훈顔氏家訓』에는 다음과 같이 적혀 있다. "옛날에 대박大博은 육저六著이며 소박小博은 이경二煢이라 하였다." 6개의 막대기를 쓰는 박은 '큰 박'이라 하고, 2개의 주사위를 쓰는 박은 '작은 박'이라 한 것이다. 『중국도박사』의 저자인 곽쌍림과 소매화도 막대기를 쓰는 도박은 투저박投著博이요, 주사위를 쓰는 도박은 투경박投煢博이라 하였다. 그리고 투저박은 2저二著·6저六著·8저八著로, 투경박은 일경一煢·이경二煢으로 분류하였다.

일본 정창원으로 건너간
신라의 도박도구

　　　　　　　　　　우리나라에서는 아직 마왕퇴 무덤에서 발굴된 '박' 기구가 발견되지 않았다. 그런데 한반도의 제작품으로 보이는 도박기구가 일본의 정창원正倉院에 소장되어 있다. 나라奈良 현에 소재한 도다이사東大寺의 보물창고인 정창원은 8세기 경에 창건된 것으로 보인다. 정창원의 역사는 남편 쇼무왕聖武王의 명복을 기원하기 위하여, 왕비가 각종 물품을 도다이사에 기증하면서 시작

일본의 보물창고 정창원의 전경.

되었다고 한다. 이곳에서는 수많은 보물이 9천 점가량 소장되어 있다. 그 찬란한 칠기 유물 중에 도박기구가 있다. 바로 자단목화쌍륙국紫檀木畵雙六局이다. 이 유물은 귀족들이 놀았던 쌍륙판이다. 쌍륙은 『북사北史』에 기록되었던 백제인의 오락인 악삭握槊과 같은 종류의 놀이이다. 고대 신라·일본의 교역관계를 밝혔던 최재석 교수의 해설을 들어보자.

> 자단紫檀 바탕에 목화木畵로 장식한 화려한 쌍륙반雙六盤이다. 네 모퉁이와 장측長側 중앙에 계 6개의 상다리를 세웠다. 재료는 상아象牙·자단紫檀·녹색으로 염색한 녹각鹿角·흑단黑檀·황양목黃楊木·대나무 등이다. 반면盤面은 양 장측 중앙에 초생달 모양을 넣고 그 속에 다시 목화木畵로 당초문唐草文을 나타냈다. 그 좌우에 각 6개씩의 화문花文 목화를 하였다. 측판側板 외면에는 화당초문花唐草文을 주로 하고, 사이에 비조飛鳥·비운飛雲·봉황을 탄 인물을 배치하였다.[12]

매우 수려한 문양과 아름다운 형태가 아닌가! 특이한 점은 6개의 상다리가 있다는 사실이다. 보통 직육면체의 상자 형태이거나, 네 개의 다리가 있을 수 있다. 그런데 이 자단목화쌍륙국은 아름다운 몸매와 같은 곡선형의 다리가 6개가 있다. 새겨진 문양도 세련되고 정교한 형태이다. 세계에서 가장 아름다운 쌍륙판이라 해도 손색이 없다. 최재석 교수는 이 유물에 새겨진 꽃 모양, 비조飛鳥의 모습 등이 신라문양과 유사함을 강조하였다. 이것이 신라에서 유입되었음을 증명하는 결정적 증거라는 것이다.

그러자 뜬금없이 일본인 학자들이 발끈하였다. 기우찌木內武男, 오까다岡田讓 등은 최재석의 신라제작설에 반대하여 일본제작설의 논리를 만들어냈다. 요지는 '정창원 소장의 목칠공예품은 대부분 일본에서 제작되었으며, 단지 몇 가지 기법만을 당나라로부터 전해받았다'는 것이다. 일본학자들의 이 설은 국수주의적인 측면이 농후한 것으로 보인다.

신라에서는 칠공예품의 제작 관서인 칠전漆典이 운영되었다. 하지만 일본의 어느 문헌에서도 이러한 관서가 운영되었다는 기록을 찾을 수 없다. 우리나라에서는 기원전 1세기경에 이미 목제도칠칼집木

일본 정창원에 소장되어 있는 고대의 쌍륙판.

製塗漆劍鞘(광주 신창동 유적 발굴품)이 출토되었다. 그 정도로 뛰어난 목칠공예의 역사를 자랑하고 있는 것이다. 일본이 당唐 문화를 흡수하는 역할을 했다는 견당사遣唐使, 그 실체를 보면 파견횟수가 7회에 불과하다. 그것도 당시 세계적인 해상력을 갖고 있는 신라의 보호 아래 가능하지 않았는가. 또한 정창원 안에 신라장적新羅帳籍과 같은 신라의 유물들이 보관되어 있다는 점, 동대사의 점안식點眼式[13]을 신라 고승들을 초청하여 거행하였다는 점, 동대사는 신라에서 도입한 화엄종의 교리로 운영되는 사찰이라는 점 등 무궁무진한 증거가 나오고 있다. 이 쌍륙판은 우리나라에서 전해진 도박기구가 확실하지 않은가.

　일본의 고대놀이 연구자들은 기우찌木內武男나 오까다岡田讓와 다른 입장을 취한다. 그들은 일본의 고대놀이가 중국에서 시작되었고, 우리나라로부터 유입되었다는 설에 동의한다. 저포樗蒲를 연구해온 카쯔시로葛城末治가 대표적인 경우이다. 일본의 가장 오래된 고가집古歌集인 『만엽집萬葉集』에는 저포와 관련된 노래가 전해진다. 여기에서는 이두吏讀로 '一伏三起'를 'ㄱㅁ(코로)'라고 기록하고 있다.[14] 카쯔시로는 한국의 윷놀이에서 이를 '걸'이라 부르는 것에 주목하였다. 그래서 결국 한국어의 '걸'이 'ㄱㅁ'로 변화하였다는 사실을 밝혀냈다. 이것은 고대 한국의 윷놀이가 일본으로 전파되었다는 설을 증명해준 것이다. 『만엽집』에 수록된 가요들이 7~8세기의 작품들임을 고려한다면, 그 이전 시기에 이미 한국의 윷놀이가 전해졌다는 이야기다. 『일본유희사日本遊戲史』의 저자인 사카이酒井欣도 카쯔시로의 의견에 동의했다. 그는 고대 한국·일본 문화의 교류관계를 다음과 같이 정리하였다.

> 일본문화는 주로 외래문화를 수입하여, 그것을 일본문화로 만들었다. 당시 당조唐朝 문화의 수입경로로서 삼한三韓을 거쳐서 들어온 것이 사실이다. 동시에 삼한과의 교섭도 빈번히 이루어진 관계상 그 나라의 문화, 문물 같은 것도 많이 일본으로 유입되었다. 유희遊戲도 또한 마찬가지이다.[15]

기우찌와 오까다 등이 유심히 들어야 할 대목이 아닐 수 없다.

주사위 놀이에 빠진 로마 황제들

고대 유럽에서는 주사위 놀이가 도박시장의 판도를 장악하였다. 저포와 같은 '막대기를 이용하는 놀이'는 크게 성행하지 못하였다. 이 막대기 놀이도 고대의 영국과 그리스, 로마, 이집트 등 전 유럽의 권역에 분포되어 있었다.[16] 그런데 왜 주사위 놀이에 밀리게 되었을까? 주사위 놀이 연구자였던 데이비드F. N. David는 막대기가 종교적인 의미를 더욱 강하게 내포하고 있다고 하였다. 또한 막대기 놀이는 게임에서 중요성이 많이 떨어진다고 하였다. 막대기 던지기의 불편함도 원인으로 작용하지 않았을까? 막대기의 개수가 6개나 될뿐더러, 주사위에 비하여 크고 길다. 또한 막대기가 착지하는 공간은 매우 넓어야 한다. 착지하는 면의 각각 확

병에 그려진 주사위 놀이 모습(이탈리아, 14세기).

률은 어떠할까? 막대기의 윗면은 곡면이고, 아랫 면은 평면이다. 윗면과 아랫면이 나올 경우의 수가 차이가 있다. 정육각면을 가지고 있으며, 모든 면의 확률이 1/6인 주사위와 비교하면 경쟁력이 떨어지지 않는가.

무엇보다도 주사위 놀이의 확산에 기여한 것은 고대 로마인들이었다. 고대 로마 유적들을 발굴해보면 주랑柱廊과 건물 등지에 주사위 놀이판이 새겨져 있다. 언제 어디서도 쉽게 주사위놀이를 할 수 있었다. 따라서 특별한 기간을 제외하고는 주사위 놀이를 금지해야 할 법적 규제의 필요성까지 생겨났다. 그러나 도박을 금지하는 법률과 상관없이 도박은 계속 이루어졌다. 로마 황실도 예외는 아니었다. 초대황제인 아우구스투스(Augustus)는 12월뿐만 아니라 휴일과 평일에도 늘 주사위 놀이를 즐겼다. 그가 쓴 글에서는 도박을 광적으로 즐겼던 이야기들이 적혀 있다.

로마의 3대 황제 클라우디우스(Claudius)는 어떤가? 그 역시 초대황제와 다르지 않았다. 그의 마차에는 특별히 고안된 주사위 놀이판이 있었다. 움직이는 마차에서도 흔들리지 않도록 고안된 '마차형

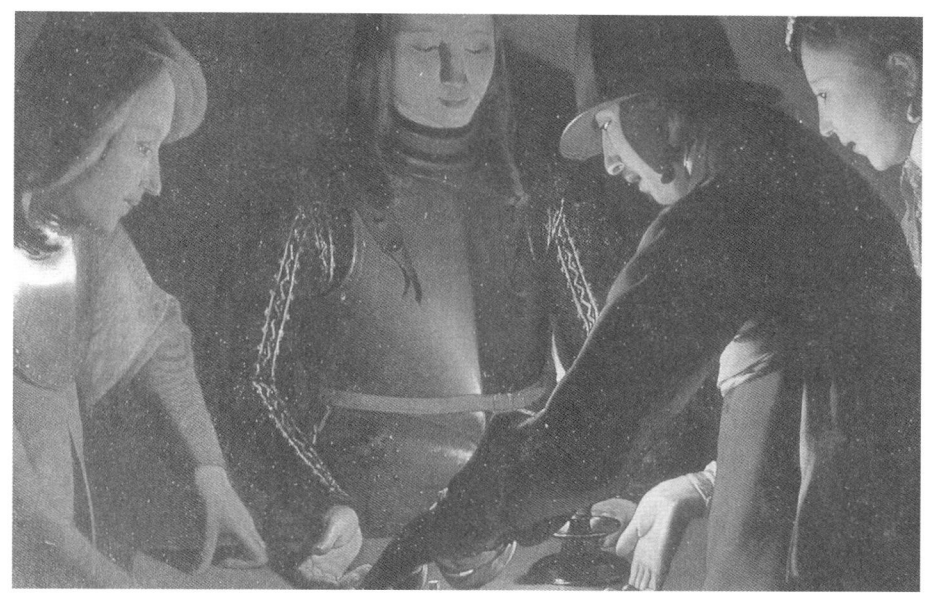

유럽의 주사위 게임 풍경(16세기, 조르쥬 드 라트루의 그림).

도박기구', 그는 이 위에서 열렬히 주사위 놀이를 즐겼다. 이쯤 되면 스타인메츠(Steinmetz)의 주장이 이해가 될 것이다. "아우구스투스는 심하게 도박했으며, 클라우디우스는 바보처럼 도박했으며, 네로는 미친 사람같이 도박했다." 매우 직설적이면서도 조롱이 섞인 표현이다. 로마인들은 상습적인 도박꾼들이 많았으며 결과가 빨리 나오는 것을 좋아했다. 로마의 도박꾼들은 2륜전차대회와 주사위 놀이에서 가장 큰 희열을 느꼈다.[17]

로마뿐만 아니라 고대의 게르만 사회에서도 도박은 심각한 문제를 야기하였다. 이에 대해 로마 제정기帝政期의 역사가 타키투스는 『게르마니아』에서 다음과 같이 묘사하고 있다.

그들은 이상하게도 주사위 놀이를 진지한 사업처럼 아주 멀쩡한 정신으로 한다. 아주 열정적으로 그 놀이를 한다. 다 잃고 나서 주사위를 맨 마지막으로 던질 때에는 자기 자신의 자유와 삶을 이 놀이에 다 건다. 그래서 지게 되면 자진해서 종노릇을 한다. 진 사람이 이긴 사람보다 젊고 힘이 강하더라도 묶여서 팔리게 된다.[18]

'게르만인의 놀이' 혹은 '악덕한 주사위 놀이'로 일컫는 이 놀이의 병폐는 더 이상 형용할 수 없을 정도였다. 부자들이 판돈으로 금과 토지를 걸 수 있는 반면, 빈곤층들이 걸 수 있는 판돈은 그들의 자유였다. 그들은 형제와 부인을 팔다가 결국 자신까지 팔았다. 더욱이 도박빚의 보증으로 그들의 손과 귀를 자르기도 했다니 정말 끔찍한 노릇이다.

중세사회에 들어서도 주사위 놀이의 파고는 멈추지 않았다. 오히려 광범위하게 확산될 뿐이었다. 이제는 농민들과 여성들도 참여하는 전 국민적 놀이로 변모하였다. 말판을 사용하는 놀이인 백게면(Backgammon)이 유행하였다. 단순히 주사위 자체만을 가지고 노는 놀이도 성행하였다. 주사위 놀이는 복잡한 사고를 요하지 않았고 방식도 단순하다는 장점이 있다. 또한 장소의 구애를 받지 않았다. 시장·거리·선술집·여관 등지에서 쉽게 주사위 놀이를 할 수 있었다. 자연적으로 중세사회에서도 주사위 놀이는 큰 부작용을 일으켰다. 순수한 소일거리나 사교를 목적으로 하는 것이 아니었다. 점차로 재물과 돈을 거는 일들이 늘어났다. 주사위 놀이의 도박성은 더욱 커져만 갔다.[19]

신라의 안압지雁鴨池와
천 년 전 주사위

　　　　　　　　　다시 우리나라로 돌아와보자. 삼국시대의 주사위 놀이는 어떠하였을까? 우리나라에서도 고대의 주사위가 발굴된 적이 있다. 1975년, 한국의 고고학계를 떠들썩하게 만들었던 안압지 발굴 현장으로 떠나보자. 안압지의 정비작업은 경주 종합개발계획의 일환으로 실시되었다. 정비의 시작과 함께 엄청난 유물들이 쏟아지기 시작했다. 와전류瓦塼類를 비롯해서 3만여 점의 유물이 출토되었다. 26동의 건물지를 비롯하여 헤아릴 수 없는 유적이 발견되었다.[20] 그중 신라 귀족들의 연회宴會 풍습을 잘 보여주는 유물이 나왔다. 바로 '목제木製 주사위'다.[21]

　이 주사위는 호안護岸 석축의 바닥에서 발굴되었다. 참나무로 만들어 흑칠을 하였다. 4각형이 6면, 3각형이 8면인 14면체의 주사위이다. 생김새도 재미있지만 거기에 씌어 있는 명문銘文이 흥미롭다. 학자에 따라서 차이가 있으나 대략 다음과 같이 해석한다.

　　사각형면 : 다 마시고 크게 웃기飮盡大笑, 술 세 잔 한 번에 마시기三盞一去, 혼자 부르고 혼자 마시기自唱自飮, 노래 없이 춤추기禁聲作儛, 여러 사람이 코 때리기象人打鼻, 덤벼들어도 그대로 있기有犯空過

　　삼각형면 : 더러워도 버리지 않기醜物莫棄, 마음대로 노래 청하기任意請歌, 두 잔이면 쏟아버리기兩盞則放, 팔뚝 구부린 채 다 마시기曲臂則盡, 시 한 수 읊기空詠詩過, 스스로 괴래만 부르기自唱怪來晩,

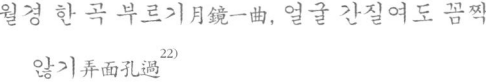

월경 한 곡 부르기月鏡一曲, 얼굴 간질여도 꼼짝 않기弄面孔過[22]

이것은 행동문구로서 일종의 벌칙이다. 요새 술자리에서 흔히 볼 수 있는 벌칙도 있다. 몇 잔을 한꺼번에 속칭 '원샷' 시키는 음주풍속이 바로 그것이 아닐까. 안압지는 궁궐에 속해 있는 연못이다. 달이 휘영청 뜨면

안압지에서 출토된 주사위(복제품).

그 풍광이 예사롭지 않은 곳이다. 신라의 귀족들이 술자리로 애용하기에 안성맞춤인 장소이다. 취흥이 크게 오르면 누군가 주사위 놀이를 하자고 호기를 부렸을 것이다. 신라의 주당酒黨들은 14면체 주사위를 던지고, 이에 따라 우스운 행동을 연발하면서 취기를 부렸을 것이다. 안압지 발굴조사단에 참가하였던 고故 김택규 교수는 주사위의 의의를 다음과 같이 설명한다.

안압지에서 출토된 주사위의 경우는 입방체立方體가 아니라 다면체(14면체)이고, 수를 표시한 점點이 아니라 행동적 문구가 표현되어 있다. 오락이나 도박에 이용된 것이 아니라 주연을 즐기는 데 해학적이고 풍류적인 면으로 이용되었다. 이는 신라왕실의 주연과 놀이 모습을 엿볼 수 있고 또 통일신라시대의 창안創案이요, 독자적인 구상構想이라 하겠다.[23]

김택규 교수의 언급처럼 이 주사위가 도박용으로 사용된 것은 아

니다. 그러나 연회를 위한 놀이용·내기용으로 볼 수 있다. 내기는 도박의 성격을 강화시키는 요인이다. 술내기, 음식내기, 돈내기 등은 어떠한 조건을 걸고 승부를 다투는 일이다. 내기, 도박, 놀이는 모두 떨어질 수 없는 관계를 형성하고 있다. 여하튼 안압지에서 발견된 주사위는 무엇보다 연회풍속과 음주문화를 잘 보여주는 유물이라 할 수 있을 것이다.

음주풍속과 귀족사회

고대 신라인들의 음주문화는 어떠하였을까? 『양서梁書』「동이열전東夷列傳」의 신라 조에는 다음과 같은 기록이 있다. "신라인들이 연회석에서 술잔을 돌리는 것行酒을 행상行觴이라 한다." 한국인의 음주문화에서 가장 특징적인 것이 바로 '술

주사위 놀이를 하는 인물상(서한시대, 청동으로 제작).

잔 돌리기'가 아닌가. 물론 위생상 좋은 풍속은 아니다. 어쨌든 위 기록을 통해 술잔 돌리는 풍속이 천 년 동안 이어져온 음주 관습임을 알 수 있다. 다음은 안압지에서 벌어진 연회풍속을 살펴볼까.『삼국사기』헌강왕憲康王 조에는 임해전에서 벌어진 연회 기록이 있다.

> 왕은 군신들과 임해전臨海殿에서 향연饗宴하였다. 술이 취하자 왕은 거문고를 타고 좌우 군신들은 모두 노래를 부르면서 지극히 즐겁게 놀고 파하였다.

임해전은 안압지에 있는 건물로서 군신들의 연회 및 귀빈의 접대 장소로 이용된 곳이다. 왕이 직접 거문고를 타고 군신들이 모두 노래를 부른다니……. 취흥의 끝이 보일 수 있겠는가. 실컷 음주가무에 도취해 있다가, 안압지에 달빛이 비칠 때쯤 주사위 놀이를 하지

경주 임해전지臨海殿址 전경(사적 18호).

않았을까.

　당시 유흥풍속과 놀이문화의 발전은 귀족계급의 성장과 무관하지 않다. 고대사회에서 계급의 분화, 귀족문화의 발전, 통치계급의 부패 등은 도박이 발전하는 원인이 된다. 신라의 귀족사회는 '골품제'로 요약될 수 있다. 성골과 진골, 두품층 등 신분·출신에 따라서 해당 관직만을 부여받을 수 있는 골품제. 이것은 관등의 상한선을 규정한 '관등제'에서 끝나지 않았다. 복식의 빛깔과 옷감의 종류, 관冠의 재질, 일상생활의 용기 등 모든 생활문화가 골품에 따라서 차별적으로 규정되었다. 연회문화도 마찬가지다. 안압지에서 술을 마시고 주사위를 굴리는 사람들은 최소한 6두품은 되어야 했을 것이다.

　이것을 볼 때 안압지 출토 주사위 역시 귀족계급들만이 누릴 수 있는 향연饗宴의 단면을 보여주고 있다고 하겠다. 또한 안압지의 연회 속에서 벌어졌던 귀족문화의 계급적 속내를 읽을 수 있는 대목이다.

고려 말 문인인 목은 이색李穡의 작품 가운데에는 윷놀이와 관련된 시 3수가 전해진다. 여기에 묘사된 장면은 현재와 다를 바 없다. 변화가 무궁하고 강약을 가릴 수 없는 윷판, 큰 연회와 함께 떠들썩한 분위기, 자존심도 없이 아이들과 윷놀이하는 백발노인, 턱이 떨어질 정도로 웃는 사람들. 이 아우성 윷판은 1380년도의 모습이다. 윷놀이 풍경은 참으로 유구한 역사를 지니고 있는 셈이다.

三장 백제인의 저포, 윷놀이의 조상인가 _도박과 윷놀이_

윷놀이의 전성시대

화투와 윷놀이, 우리나라의 대표적인 명절놀이이다. 그러나 양자는 극히 대비된다. 화투가 안방 한구석 성인들의 놀이라면 윷놀이는 남녀노소를 아우르는 마당의 놀이이다. 화투가 도박성이 짙은 데 반하여 윷놀이는 건전한 전통놀이로 인식된다. 어느 여성단체에서는 명절의 화투놀이를 윷놀이로 바꾸자는 캠페인을 벌이고 있다. 윷놀이의 건전성이 인정받고 있는 셈이다.

교육계에서는 윷놀이를 청소년들에게 권장하기 위하여 각종 프로그램을 만들어낸다. 그뿐인가. 농촌마을에 명절이 돌아오면 'ㅇㅇ리 척사擲柶대회 개최'와 같은 현수막이 걸린다. 윷놀이는 아직도 마을 주민들의 친목을 위한 대동놀이로서 톡톡히 대접받고 있다. 윷놀이는 개방성과 대동성에서 높은 점수를 받고 있다. 전승시켜야 할 민속놀이로 윷놀이가 '뜨면서' 바야흐로 '윷놀이의 전성시대'를 맞고 있다.

그런데 가끔씩, 윷놀이로 도박을 했다는 언론보도가 나온다. 서울의 종묘공원에서는 노인들을 대상으로 윷놀이 도박판을 벌이던 이들이 '도박장 개장혐의'로 구속되는 사건이 있었다.[1] 제주도에서는 윷의 사위별로 배당금을 걸고 도박판을 벌이던 일당이 잡히기도 하였다.[2] 돈을 걸고 윷놀이를 하다가 사람이 숨지는 사건이 일어난 적도 있다.[3] 건전한 놀이로 인식되고 있는 윷놀이로 어떻게 도박을 했을까? 교묘한 도박꾼들이 건전한 윷놀이를 수렁에 빠뜨리게 한 것일까? 시민들의 사행심리를 적절히 이용했기 때문일까? 그런데 역사 속의 노름을 훑어보면 윷놀이도 만만치 않은 도박이었다. 특히 백성들에게 도박이 확산되었던 배경에는 윷놀이가 지대한 영향을 미쳤다. 윷놀이의 역사에는 도박성과 중독성으로 인한 흔적들이 곳곳에 배어 있다.

기산 김준근의 윷놀이 풍속화.

양생, 부처와 저포樗蒲로 도박하다

문헌상으로 윷놀이의 역사는 삼국시대로 거슬러 올라간다.『북사北史』에서는 백제의 놀이로서 '저포'를 들고 있다. '저포樗蒲, 저포摴蒱, 척사擲柶, 사희柶戲, 사목희四木戲' 등은 윷놀이의 한자 표기이다. 16세기 최세진崔世珍은 자신이 저술한 한자학습서『훈몽자회訓蒙字會』에서 저포를 도박이라 명시하였다. 최남선은 "박博이란 놀이의 도박적 성격을 늘여서 만든 것이 저포다"라고 하였다. 최초의 한문소설『금오신화金鰲新話』의「만복사저포기萬福寺樗蒲記」는 어떠한가? 전라도 남원의 떠꺼머리 양생梁生이 아름다운 여인을 맞고 싶은 마음에 부처님과 저포놀이로 내기를 걸었다. 소설은 사회상의 반영이 아닌가. 내기놀이하면 저포를 떠올릴 정도로 유행한 것 같다. 우리말에 '윷 진 애비 같다'는 속담도 있다. 윷놀이에서 지고서도 물러서지 않고 계속 달려드는 사람과 같다는 뜻이다. 한 번 더 하면 이길 것 같아 물러서지 않고 자꾸 덤벼드는 꼴을 비유한 것으로, 윷놀이의 도박성을 상기할 수 있는 말이다.

중국에서도 저포의 도박성에 대해서 많은 이야기가

한국의 윷(서울대 박물관 소장).

3장 | 백제인의 저포, 윷놀이의 조상인가-도박과 윷놀이

종지윷(안동민속박물관 소장).

전해지고 있다. 특히 위진남북조 시기에 저포는 노름의 동의어처럼 쓰였다. 이런 이야기도 있다.

어떤 행인이 산길을 갔다. 두 노인이 저포를 놓고 있는 것을 보았다. 말에서 내려 지팡이를 짚고서 저포놀이를 구경하였다. 그런데 이게 웬일인가? 잠깐 보았다고 생각했는데 자신의 말은 죽어 뼈만 남았고, 말고삐는 썩어 있었다. 집에 돌아와보니 더욱 황당하였다. 친척과 친구들은 이미 저 세상으로 떠나버린 것이 아닌가?[4]

현대인에게 괴담으로 들리는 이 이야기는 저포의 중독성을 말해주고 있다.[5] 저포에 중독된 상태에서 시간, 집, 가족들을 잊는 것이다. 아주 오랫동안……. 우리가 말하는 도박의 중독성과 상통하는 부분이다.

『세설신어世說新語』는 후한시대부터 동진東晉까지 명사들의 일화를 엮은 책이다. 이 책에 전해지는 온태진溫太眞의 일화는 저포의 도박성을 더욱 잘 보여준다. 온태진은 상인들과 자주 저포놀이를 하였다. 그는 한 판에 이른바 '올인' 했다가 크게 지고 말았다. 그는 도박빚 때문에 도박장에서 빠져나올 수 없었다. 그가 처참한 위기 속에서 지인知人인 유량庾亮에게 던진 말은 "날 좀 빼내주시오"였다. 간신히 유량庾亮의 도움으로 위기를 벗어났지만 온태진은 정신을 차리지 못하고, 이와 같은 일을 여러 번 겪었다.[6] 온태진의 이야기는 개인의 이야기로 치부할 수 없다. 당대 귀족들의 일상생활을 말해주고 있다. 크게 금전을 걸고, 한 판에 '올인' 하고…. 라스베이거스의 하루와 다를 바 없다. 일본의 경우도 마찬가지였다. 7세기 일본에서는 이미 저포에 대한 금령을 발포發布하였다. 태형까지 가하는 것을 보면 심각한 폐해가 있던 것 같다.[7] 이쯤 되면 저포는 고대사회 도박의 대명사임에 틀림이 없지 않은가.

박희博戲가 지고
저포樗蒲가 뜨다

　　　　　　　　한漢대를 거치면서 매우 중요한 변화가 일어났다. 통치계급의 전유물이었던 '박희博戲'가 백성들에게 보급되었던 것이다.[8] 이 시기에는 '박도博徒'라는 일군의 도박당들이 출현하기 시작했다. '박도'는 도박사에서 의미심장한 개념이다. 도박을 전업으로 하는 전문적인 도박꾼들이 역사의 무대에 등장했음을 알리는 신호탄이다. 이전 시대의 도박꾼들이 '아마추어' 였다면 이들은 '근성있는 프로' 였다. 박도들로 인해 도박이 갖고 있는 근원적인 문제점들이 노출되었다. 도박이 도박으로서의 성격을 갖추게 되었다고 할까. 『사기史記』「화식열전貨殖列傳」에서 '박희博戲는 악업惡業이다' 라고 선언한 것도 우연이 아니었다. 박도들의 출현으로 파산자가 생기고 부를 축적한 자도 생겼다. 도박이 사행심을 조장하면서 사회적 갈등의 원인이 되었다. 돈을 번 자와 잃은 자들이 양산되면서 도박판은 더 이상 즐거운 놀이판이 아니었다. 꾼들은 금전을 보상받기 위하여 끊임없이 도박에 중독되었고, 그럴수록 도박의 병폐는 고착되었다.

박희博戲라는 도박이 전 백성들에게 보급되기에는 한계가 있었다. 박희는 근본적으로 귀족에게 어울리는 문아文雅한 놀이였다. 더욱이 백성은 박희를 구하기가 쉽지 않았다. 고분古墳에서 발견되는 호사스러운 박희를 보라. 대중적으로 퍼지기는 어려워 보인다. 위진남북조 시기(3세기~6세기)에 이르러 도박사賭博史는 한 차례의 혁명을 맞았다. 정치적 상황이 큰 변수가 되었다. 강력한 전제왕권이 붕괴되면서 지방의 세력들이 팽창하였다. 동시에 다양한 민족들이 중앙으로 진입하면서 한족들과 각 민족이 융화되던 시기였다. 기존의 질서들이 해체되었던 것이다. 정치, 경제, 문화 등 모든 영역에서 변화의 기운이 형성되었다. 이때 종래의 박희博戲가 빠르게 쇠퇴하고, 대신 저포가 크게 발달하였다.

『박물지博物志』에는 노자가 '호胡'로 들어가서 저포를 만들었다고 하였다. 그러나 정확히 믿을만한 기사는 아닌 것 같다. 아무튼 초기의 저포는 윷놀이와는 많은 차이가 있었다. 후한시대 마융馬融의 「저포부摴蒲賦」를 보자. 이 글을 보면 저포의 말판은 여러 색깔로 된 모직품이며, 테두리에는 무늬가 새겨져 있다. 주사위矢는 옥돌로 만들어졌고 주사위를 모아서 던지는 그릇杯이 있다. 또한 뿔과 상아를 갈아서 말을 만들었다. 말판을 모직품으로 만들었다면 한나라의 도박 양식과는 거리가 멀지 않은가. 혹시 실크로드를 통해서 교역된 물품이 아닐까. 윷놀이의 국제적 분포에 주목한 방선주는 다음과 같이 해석했다.

인도에서의 오랜 윷놀이형 유희의 전통과, 저포놀이가 인도를 지칭했던 호胡에서 나왔다는 중국문헌에서 저포가 외국식 명명인 접, chaupar와 저포의 발음상의 유사점으로 보아 저포의 기원은 인도지방으로 보아 무난하다고 생각한다.[9]

인도의 파치시 놀이. 이 놀이는 왕, 코끼리, 말, 양으로 불리는 네 개의 말을 십자꼴의 말판 위에서 옮기는 놀이이다.

기원전 2세기, 한무제에 이르러 동서 교역로가 크게 성장하였다. 이에 따라 서아시아의 문화가 실크로드를 통하여 중국으로 유입되었다. 흔히 산악散樂·백희百戲라고 불리던 다양한 연희들도 서역에서 중국으로 들어오는 시기였다.[10] 그렇다면 방선주의 견해가 어느 정도 설득력이 있지 않을까. 그는 저포가 인도에서 들어오면서 종래 중국 육박六博의 일부 성격과 혼합되었다고 보았다. 이중 새롭게 개조된 저포의 한 형태가 한반도로 들어와서 윷놀이가 되었다고 한다.

초기의 저포는 박희와 마찬가지로 귀족계급 사이에서 유행하였다. 「저포부」에 묘사된 저포는 귀족계급들만이 가질 수 있는 도박도구였다. 그러나 저포는 백성들에 의하여 변화되기 시작했다. 여러 사람들이 함께 하는 놀이가 된 것이다. 놀이의 방식도 간략하게 되었다. 저포는 오목을 던져서 노는 놀이가 되었다. 이렇게 간소화된

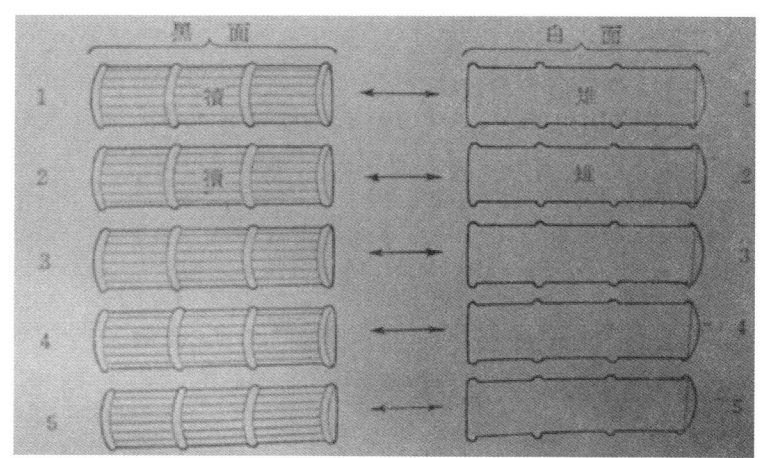

『당국사보唐國史補』에 기술된 오목五木의 추정 도형(이일영의 논문에서).

저포놀이는 백성들 사이로 퍼져나갔다. 저포의 분위기도 새로워졌다. 모여서 시끄럽게 떠드는 분위기가 된 것이다. 우리가 '모야, 윷이야' 아우성치는 것처럼, 저포를 던지고 나서 '로야, 치야呼盧呼雉' 하고 떠들었다고 한다.

대중적으로 확산된 저포 놀이는 오목五木 던지기였다. 오목은 현재 윷짝의 형태인 장형양면체長形兩面體와는 달랐다. 어떻게 생겼을까. 이조李肇의 『당국사보唐國史補』「오목경五木經」에서 말하는 오목은 살구씨와 비슷한 형태이다. 한 면은 검게, 반대면은 하얗게 만들었다. 그리고 5개 가운데 2개의 검은 면에는 송아지犢를, 흰 면에는 꿩雉을 새겼다. 나올 수 있는 경우의 수는 얼마일까? 윷놀이는 도·개·걸·윷·모 등 5가지 사위가 나올 수 있다. 5목 저포는 黑·黑犢·白·白雉의 각 면을 고려해보면 총 12가지 사위가 나올 수 있다. 윷에 비하여 경우의 수가 많은 편이다. 그 중에서 귀한 사위貴采로 불리는 경우의 수는 아래 4개이다.[11]

◉⊙●●●【二黑犢·三黑】『사위이름 ： 盧－16점』
◎◎●●●【二白雉·三黑】『사위이름 ： 雉－14점』
◉⊙○○○【二黑犢·三白】『사위이름 ： 犢－10점』
◎◎○○○【二白雉·三白】『사위이름 ： 白－8점』

이외에도 개開-12점, 새塞-11점, 탑塔-5점, 독禿-4점, 궐鐝-3점 등의 사위가 있었다. 저포놀이의 방식은 매우 다양했다. 『당국사보』의 5목·12사위의 놀이 방법이 꼭 정형화된 것은 아니었다. 놀이방식·채점방식이 변화무쌍하게 바뀌었다. 이것은 저포놀이의 특징이다. 백성들이 제 편한 방식대로, 놀기 좋은 대로 변형시키는 것이다. 저포의 파급력은 바로 여기에 있지 않았을까?

윷놀이의 전파설
그 겉과 속

전파주의(diffusionism)는 '문화요소가 문화간의 상호접촉으로 인하여 전파되는 것'이라는 견해이다. 이 이론은 진화주의에 대한 반대론으로서 문화요소의 독립적인 발생을 대부분 부정한다. 전파론을 추종하는 인류학자들에게 윷놀이는 구미가 당기는 문화요소이다. 놀랍게도 윷놀이는 세계 전역에 퍼져 있는 유희였다. 인도, 중국, 한국, 일본 외에도 쿄오와·아파치 등과 같은 북미 인디언, 챠코·켁취와 같은 남미 부족들에게로 널리 퍼져 있다. 더욱이 놀이방식이 상당히 유사하다. 양면체·다면체의 물체를 먼저 던지고, 그 득점을 통해서 말을 움직이며, 출발점으로 다시 들어오면 승리하는 등 전파론을 설명하는 데 안성맞춤인 놀이였다. 특히 멕시코의 '파톨리(Patolli)' 놀이는 인도의 '파치시(Pachisi)' 놀이와 유사성이 많아 크게 주목받았다. 파톨리 놀이는 1560년 경 이 지역을 방문했던 듀란(Diago Duran) 신부神父의 소개로 알려지기 시작하였다.

이 놀이를 전파론의 구조 속에서 설명했던 학자는 영국 인류학의 창시자인 타일러(E.B.Tylor)이다. 타일러는 진화주의의 신봉자로 알려졌지만 초기 저작에서는 전파를 상당히 중요하게 여겼다. 그는 「고대 멕시코의 파톨리 유희와 그 아시아 기원설」이란 글을 통해서 멕시코의 파톨리 놀이가 아시아로부터 전파되었다고 강조하였다. 타일러에 의하면 유럽에서의 백게먼 놀이, 인도의 파치시, 멕시코의 파톨리 놀이가 모두 같은 성질의 놀이이다. 이러한 타일러의 견해는 전파론자들이 자신의 주장에 대한 근거로서 적극적으로 활용하였다.

12세기에 제작된 체스게임의 말(대영박물관 소장). 체스는 서양의 장기이다. 고대 인도에서 발생한 차투랑가(chaturaga) 게임이 유럽에 전해지면서 체스로 변화되었다고 한다.

윷놀이의 전파설에 도전장을 내민 학자가 바로 스미소니안 연구소의 에라스무스(Erasmus) 박사였다. 이 학자의 글은 매우 탄탄한 근거와 핵심적인 요지를 갖고 있었으므로 전파론자들을 긴장시키기에 충분하였다. 그의 견해는 문화요소의 독립발생론에 상당한 지원사격을 가할 수 있는 '가능성 유한론(Limitation of Possibilities)'에 서 있다. 가능성 유한론이란 무엇인가? 인간의 성향과 생활방식은 크게 차이가 없으므로, 문화요소의 생성 가능성은 한계가 있다는 것이다. 즉, 어느 부족에게 '물체를 던지는 놀이'에 대한 발상이 떠올랐다면, 윷놀이와 비슷한 형태가 만들어진다는 것이다. 꼭 문화적인 접촉이 없어도 개별적인 문화환경 안에서 얼마든지 윷놀이의 창조가 가능하다는 주장이다.[12]

우리나라에서는 저포-윷놀이의 상호관계에 대해서 논쟁이 있었다. 이것도 역시 윷놀이의 전파설 논의와 맥락을 같이 한다. '중국의 저포가 우리나라에 전파되어 윷놀이가 되었을까? 아니면 우리나라에서 윷놀이가 독립적으로 발생되었을까?'라는 문제에 집중되어 있다. 과학적인 논의를 위해서는 먼저 문화요소가 복합적으로 구성된다는 점을 인식해야 한다. 또한 문화요소마

세네트 게임을 하는 네페르타리 여왕(이집트 벽화). 세네트 게임은 체스처럼 판 위에서 말을 움직이는 게임이다.

다 발생, 전파, 발전 등 각기 다른 차원의 생성구조에 대한 가능성을 인정해야 한다. 즉 무조건적인 독립발생론, 무조건적인 전파론은 경계해야 한다는 것이다. 어느 문화요소는 독립발생론으로, 어느 문화요소는 전파론으로, 개별 문화요소마다 생성 조건이 차이가 있음을 인정하는 자세가 무엇보다 필요하다.

우리나라 학계에서 있었던 저포와 윷놀이의 상호관계에 대한 논의를 살펴보자. 김사엽·이영일은 저포와 윷이 동일하다는 입장, 최상수는 저포와 윷이 다르다는 입장에 서 있다. 먼저 이영일의 저포·윷 동일론을 들어보자.

> 윷은 저포의 일종인 것이고, 우리나라에서는 저포 5개를 쓰는 오목보다는 저포 4개를 쓰는 윷柶을 항용恒用 쓰므로 윷柶을 광의의 저포樗蒲로 통칭하는 것은 조금도 이상할 것이 없으니, 저포와 윷柶이 별개의 것이라고 인식하여서는 아니 된다.[13]

그는 두 가지 근거를 제시하였다. 『오잡조五雜俎』란 문헌에서 '저포의 개수가 5개·4개·3개를 쓴다'고 하는 점을 강조하였다. 즉 오목 저포 외에도 방식이 다양하므로 이를 통칭해서 '저포'라고 부를 수 있다는 것이다. 또한 『사유박해事類博解』에서 윷을 사유희四維戲라고 지칭하는 점을 강조하였다. 그래서 '柶維戲 → 柶維놀이 → 維놀이 → 윷놀이'로 변했다는 것이다. 그리고 윷의 사위인 '도·개·걸'은 저포의 채명采名인 '독禿·개開·궐獗'에서 나온 것이라 덧붙였다.

이규경李圭景의
사희변증설을 떠올리며

저포가 다양한 방식을 통칭하고 있다는 주장은 설득력이 있다. 고대문헌에서는 저포가 쌍륙으로 불려지기도 하였고, 노름의 뜻으로 혼용되기도 하였다. 그렇지만 이영일론에 대해서는 여전히 의문이 남는다. 사유희柶維戱에서 어떻게 사柶가 탈락되어 윷놀이가 되었을까? 오히려 사희柶戱·사목희四木戱라는 한자표기는 계속 사용되어 왔다. '도·개·걸'은 '독·개·궐'에서 왔다 하지만 '윷·모'는 어디서 왔을까? 이는 설명되지 않고 있다.

이에 반하여 최상수는 윷놀이의 토착성을 강조했다.

> 저포의 노는 법과 격식이 우리의 윷놀이와는 전혀 다른 것임을 알 수 있다. 저포는 360자子의 반상盤上에다 여섯 말六馬을 붙이고, 목편木片을 던지나, 우리의 윷놀이는 29 동그라미 윷판에 네 말四馬을 붙이고, 네 목편을 던지는 것이니, 이 두 놀이 사이에는 하나도 같은 것이 없다.[14]

그는 중국에서 들어온 저포는 일찍이 사라졌다고 하였다. 다만 저포가 일반 노름의 범칭으로 계속 남았기 때문에 윷놀이를 곡해하는 일이 생겼다는 것이다. 하지만 저포가 사라졌다는 근거가 있을까? 삼국시대, 고려조, 조선조까지 각종 문헌에서 저포가 꾸준히 등장한다. 저포는 백성들에게 수용되면서 매우 다양한 방식이 도입되었다. 4목형의 윷도 저포의 하나로 볼 수 있지 않을까?

먼저 백제인의 저포를 살펴보자. 백제인의 저포는 『당국사보』에서 보았던 5목·12사위일까? 아니면 지금처럼 4목·5사위일까? 고대 우리나라의 저포를 받아들인 일본의 사례를 보자. 우리나라에서 전파된 저포는 '죠포(チヨ)', '가리우찌(カリウチ)' 등으로 불렸다. 이 저포가 일본의 『만엽집』에 등장한다. 이 고대가요에서 중요한 실마리는 "삼복일향, 일복삼향三伏一向. 一伏三向"이란 표현이다. 바로 윷놀이의 4목 형태와 같다. '엎어지고 뒤집혔다'는 표현으로 볼 때, 윷놀이 놀이방식과 별반 차이가 없음도 확인된다. 더구나 '삼복 일향'은 '쯔구(ツク)'로 '일복삼향'은 '고로(コロ)'라고 부른다. 카쯔시로葛城末治에 의하면 '쯔구·고로'는 한국 윷놀이의 '도·걸'에서 변한 것이다.[15] 7·8세기 일본의 저포는 우리나라에서 받아들인 것이 확실하다. 따라서 역으로 추정하건대, 일본으로 유입되기 전 우리나라의 저포는 현재의 4목·5사위와 같다는 말이다.

하지만 중국 저포와 한국 윷놀이의 상호관계는 여전히 숙제로 남는다. 이것은 쉽지 않은 연구과제이다. 저포와 윷의 관계는 매우 복잡한 문화요소가 내재되었기 때문이다. 중국 저포의 영향은 인정되지만 토착화하면서 수많은 변화가 있던 것으로 보인다. 19세기 학자 이규경의 『오주연문장전산고』「사회변증설柶戲辨證說」을 되새겨볼 때다.

　　『훈몽자회訓蒙字會』에서 사자柶字 주註에는 저포摴蒲라고 한다. 『지봉유설芝峰類說』에는 탄희가 즉 저포라 하였다. 사희는 저포에 가까운 것이지만 저포라고는 할 수 없다. 사목四木으로 윷가락을 만들었으므로 사목의 뜻을 취하여 사柶라 말한 것이다. 즉 모양을 본 떠서 뜻을 결합시킨 것이다.

중국의 저포에 가깝지만 저포라고 할 수 없는 것, 한국의 양식에 맞게 토착화한 저포라고 할까. 그것이 바로 '윷놀이'이다.

김문표金文豹의 사도설柶圖說

나는 윷놀이 특성으로 아우성을 들고 싶다. 지금의 윷판은 가족들이 모여서 떠들썩하게 논다. 전통적인 윷놀이의 분위기는 지금 이상으로 흥분의 도가니 그 자체였다. 술을 한 잔씩 걸치고, 장작윷을 획 집어던지고, 군중들이 소리를 질러대는 시끌벅적한 윷판. 이것이 윷판의 본디 모습이었다. 안동지역 저포송摴蒲頌 놀이의 분위기를 살펴보자.

놀이판 분위기가 차츰 고조되고 가열되어 갈 무렵 어느 한편의 놀이 명수名手가 잇따라 모 세 사리, 윷 한 사리에 걸을 쳤다고 할 경우, 그것을 '셋 모 한 윷 걸'이라고 한다. 그런 경우 그 편에서는 전원이 주취광채酒醉光彩 엉겨 노래에 맞춰 춤을 춘다. 놀이는 중단되고 노래와 춤이 계속된다. 처음에 저포송을 부르다가 그래도 흥이 미진하면 화조가花鳥歌를 부르고 그래도 미진하면 구구가九九歌를 부른다. 이 열기에 상대편은 압도당하고 상승세의 주도권은 이쪽

에서 잡는다.[16]

이것이 바로 민중적인 윷놀이이다. 윷놀이가 전 백성들에게 퍼지면서 마치 축제와 같이 변했다. '개인 대 개인'이 아닌 '집단 대 집단'간의 경쟁놀이로 변하게 되었다. 가무로서 흥을 이어가고 상승세를 잡으려는 집단적인 움직임이 생겨났다. 윷놀이는 분위기에 좌우되는 경우가 많다. 윷과 모가 나올 때 고래고래 소리를 질러보자. 경험상으로 윷·모가 연속 나오는 경우가 적지 않다. 고려 말 문인인 이색李穡의 작품 가운데에는 윷놀이와 관련된 시 3수가 전해진다. 여기서 묘사된 장면이 현재와 다를 바 없다. 변화가 무궁하고 강약을 가릴 수 없는 윷판, 큰 연회와 함께 떠들썩한 분위기, 자존심도 없이 아이들과 윷놀이하는 백발노인, 턱이 떨어질 정도로 웃는 사람 등. 이것이 1380년도의 모습이니, 아우성 윷판은 참으로 유구한 역사를 지니고 있는 셈이다.[17]

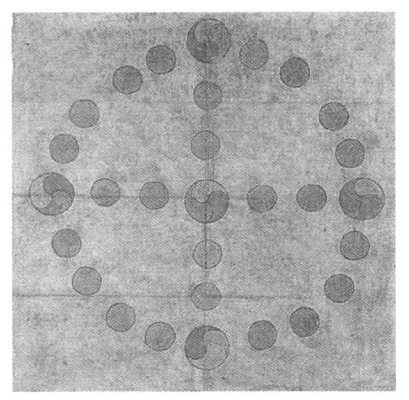

윷판(팬아시아 종이박물관 소장).

윷놀이를 잘하려면 말판(윷판)을 잘 써야 한다. 말판은 한문으로는 사도柶圖라고 한다. 윷의 사위대로 말을 놓을 때 상대편 말의 위치 및 진로를 잘 생각해야 한다. 말은 사위대로 움직이되 서로 업고 움직이며, 상대편의 말을 잡을 수도 있기 때문이다. 말판은 중앙의 '방'을 중심으로 총 29개의 밭局으로 구성되어 있다. 선조宣祖 때 문인인 김문표金文豹의 사도설柶圖說에 의하면 말판은 하늘의 천체를 상징한다.

윷판의 바깥이 둥근 것은 하늘을 본뜬 것이요, 안이 모진 것은 땅을 본뜬 것이다. 즉 하늘이 땅을 둘러싼 모양이다. 가운데 있는 별은 추성樞星이다. 둘레에 있는 것은 28개 별을 뜻하는 것이다. 즉 북극성을 두고 주위의 별들이 그것을 에워싼 형태이다.[18]

또한 말이 가는 길을 해가 가는 길로 비유하였다. 즉 24절기의 춘분春分·추분秋分·하지夏至·동지冬至와 연관시켰다. 동지는 해가 가장 짧은 날, 하지는 해가 가장 긴 날, 춘분·추분은 밤낮의 길이가 같은 날이다. 김문표에 의하면 동지에 해가 가는 길은 북北 → 동東 → 중中 → 북北으로서 윷판의 빠른 길에 해당된다. 하지는 북北 → 동東 → 남南 → 서西 → 북北으로 가는 길이니 윷판에서는 제일 느린 길이다. 김문표는 개성 출신으로서 학문이 깊고, 특히 수학에 능통했다고 전해진다. 그가 윷판과 행마行馬를 천지운행의 원리로 설명하는 이유를 이해할 수 있는 대목이다.

윷놀이의 확률 –
'도 나오기가 윷보다 힘들다'

나는 윷판에 서면 항상 작아진다. 혹시나 같은 '개' 부류에 속한 독자들도 있을까. 던졌다 하면 개다. 더군다나 개를 강력히 원할 때는 개가 나오지 않는다. 상대편 말을 개로 잡을 수 있는 상황에서 내 차례가 되면, 모든 시선이 나에게 쏠린다. 기도하는 심정으로 '개' 나와라 던지지만, 웬일로 이런 때는 개가 아닌 걸이 나온다. 이에 반해 상대편은 윷·모, 원하는 사위가 짝짝 맞는다. 두 동, 세 동씩 엎고 찌모로 빠져서 방으로 들어갈 때면 한숨이 절로 나온다. 이럴 때마다 윷놀이의 확률을 떠올린다. 도대체 도·개·걸·윷·모의 경우의 수는 얼마인가? 왜 나는 윷과 모가 나오지 않을까?

수학의 원리상으로 도는 4/16(1/4), 개는 6/16(3/8), 걸은 4/16(1/4), 윷과 모는 각각 1/16의 확률을 갖고 있다. 즉 확률 상으로 '개 – 도·걸 – 윷·모'의 순으로 많이 나오게 된다. 그런데 실제로 윷짝을 던지면 확률의 원리와 일치하지 않는 것 같다. 확률의 오류는 없을까? "있다." 위의 확률은 윷짝의 앞면과 뒷면을 각각 1/2로 동일하게 계산한 값이다. 그러나 윷짝을 생각해보면, 단면이 반원형태이다. 아랫면은 평면으로 윗면은 둥그런 곡면인 것이다. 김미경·허명회 교수는 윷짝의 역학적 운동을 고려해서 새로운 확률값을 제시했다. 그 비율은 평면 대 곡면이 약 6:4였다. 평면이 위로 향할 비율이 많은 것이다. 이 값을 토대로 순위도 조정되었다. '걸–개–윷–도–모'의 순이었다.[19] 이 순위를 보면 특히 '도'의 확률이 이해된다. 실제로 도는 윷보다 잘 나오지 않는 사위이다.

하지만 이 값도 가상된 전제 하에서 얻어진 논리적 확률이라고 한다. 실제의 경험적 확률과는 다를 수 있다는

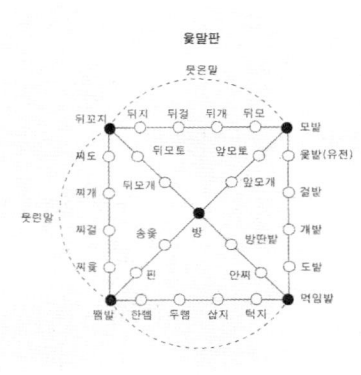

윷말판의 명칭(전라남도).

말이다. 윷판의 상태, 윷짝의 모양 등 실제의 모든 변수가 고려되어야 하기 때문이다. 윷놀이의 묘미가 여기에 있을 것이다. 논리적 확률에 딱 맞는다면 재미가 없다. 던지는 윷판마다의 새로운 느낌, 그것이 윷놀이의 매력이다.

윷놀이의 사위 이름은 어떻게 생겨난 것일까? 학자들은 '도·개·걸·윷·모'를 가축의 이름과 연결시키고 있다. 단재 신채호는 상대上代 오가五加의 출진도出陳圖와 윷놀이를 연관시켰고, 이병도는 윷놀이 말판을 부여의 관직제를 모의한 사출도四出圖로 설명했다. 부여국夫餘國의 관직명들이 가축 이름의 형태를 띠고 있는 것은 잘 알려진 사실이다. 『삼국지』 「위서 동이전」에서는 "나라(부여)에는 군왕君王이 있고, 모두 육축六畜의 이름으로 관명을 정하여 마가馬加·우가牛加·저가豬加·구가狗加·대사大使·대사자大使者·사자使者가 있다"고 하였다.

농경·목축사회에서 가축은 가장 친근하면서도 귀한 재산이 아닐 수 없다. 윷놀이는 고대사회에서 유행했던 놀이였다. 부여의 관직명처럼 윷놀이의 사위명도 자연스레 가축의 이름을 따게 된 것이다. 도·개·걸·윷·모의 순서는 어떻게 정해졌을까? 그것은 가축 걸음의 속도, 몸의 크기, 가축의 중요도 등이 복합되어 결정되었다고 한다.[20] 어쨌든 윷놀이의 사위 이름에는 고대국가의 농경·목축의 전통이 반영되어 있는 것이다.

'도·개·걸·윷·모', 부르고 싶은 이름이여!

구체적으로 '도·개·걸·윷·모'는 어떤 가축을 상징하는 것일까? 돼지를 돝, 돼지고기를 돝고기라 한다. '멧돝 잡으려다 집돝 놓친다'는 속담도 있다. 그러므로 도는 돼지로 볼 수 있겠다. 개는 개犬와 일치한다. 윷은 소牛이다. 『훈몽자회』에서는 저樗를 슛, 포蒱를 슛포라고 하였다. 방언에서는 '슈〉슛〉쇼〉소'로 나타나기도 한다. 그렇다면 '슛〉슛〉윳〉윷'의 변화과정이 그려진다. 모는 말馬로 본다. 방언에 말을 '몰·모·메'라고 하였다. 종합해보면, 도는 돼지豚, 개는 개犬, 윷은 소牛, 모는 말馬이란 결론에 다다른다.[21]

빠진 것이 있다. 걸은 무엇일까? 걸에 대한 해석은 참으로 구구하다. 신마神馬설, 종마種馬설, 코끼리설, 염소설, 노새설 등. 학자들에 따라서 다양한 견해를 내놓고 있다. 이중 재미있는 설은 박은용에 의한 종마설이다. 그는 '걸'을 제대로 이해하기 위해서 왜 '모놀이'가 아닌 '윷놀이'가 되었는지를 먼저 살폈다. 윷·모가 나오면 모두 한 사리를 더 한다. 하지만 모로는 다섯 걸음, 윷으로는 네 걸음을 움직이니 모의 행마수가 더 많다. 그런데 왜 모놀이가 아닌 윷놀이가 되었을까?

그에 의하면 원래 윷놀이는 도·개·걸·윷의 4사위 놀이였다. 도는 돼지, 개는 개, 걸은 토종마(kura), 윷은 소였다. 그런데 이후에 외래종인 수입마(mora)가 들어왔다. 이리하여 종래 4사위에다 수입마를 뜻하는 모가 추가되었다고 한다. 윷놀이라는 명칭은 계

속 사용되었지만 대신 도개걸윷은 도개걸윷 모의 5사위로 바뀌게 되었다.[22] 이 종마설을 따르면 걸의 일본 명칭인 '고로'(コマ)에 대한 설명도 가능하다. 우리말에서 재래종마를 뜻하는 'kura'는 잔영조차 찾기 힘든 단어이다. 그런데 이 'kura'가 고대 일본으로 전해지면서 'コマ'로 불리게 되었다는 추론이 가능해지기 때문이다.

여하튼 윷놀이의 사위명은 우리 역사의 방증으로 남아 있다. 정주공간에서 땅을 갈고, 동물을 기르는 농경·목축사회의 전통. 이 시기 개·돼지·말·소는 부의 상징이자, 농경을 위한 생산수단이었다. 고대사회에서 가장 부르고 싶었던 이름이 아니었을까.

종지윷 노는 모습 (부산 동삼동 풍어제 행사 중, 2005년 4월 촬영).

고려시대에는 '격구왕'이라 부를 만한 임금이 있었다. 그는 바로 고려의 제18대 왕 의종毅宗이다. 그는 말달리고 활쏘기를 좋아하는 무인武人의 성향이 짙은 인물이었다. 방종하기로 소문난 의종은 한 마디로 '끼' 있는 인물이었다. 얼마나 격구를 좋아했던지 이틀 동안 격구를 구경한 적도 있었다. 그는 대궐에서 국사를 논한 다음 바로 격구장으로 달려갔다. 아예 대궐 뒤뜰로 기병들을 불러다 북을 치며 격구를 한 적도 있었다.

四장 고려시대의 격구는 스포츠 도박이었다 ― 도박과 격구

현대의 경마와 고려시대의 격구

경마, 경륜, 경정은 흔히 '스포츠 도박'으로 분류된다. 이 갬블링 스포츠는 '레저와 도박'이라는 야누스의 얼굴을 지니고 있다. 건전한 관람에서 끝나지 않고 '금전의 배팅'이 있기 때문이다. 예상되는 우승자에게 돈을 걸고, 맞힐 경우에 그에 해당하는 배당금을 받는다. 스포츠 도박의 꽃은 단연 '경마'이다. 오늘날 한국마사회는 6조원 이상의 매출을 올리는 '화려한 공기업'으로 부상했다. 시민들의 호주머니에서 나온 돈이라 생각하면 그리 반갑지 않은 매출액이다.

그런데 사람들은 왜 경마에 열광하고 있는 것일까? 카지노와 같이 훨씬 다양하고 재미있는 도박장이 있는데도 말이다. 이와 관련하여

경마장에서 말들이 멋지게 달리고 있다.

경마 관람객들이 카지노로 대체할 의사를 분석해본 흥미로운 연구결과가 있다.[1] 이 연구에서 경마를 그만두고 카지노를 이용하겠다고 대답한 관람객들은 약 8%에 불과했다. 경마참가자들은 경마 자체에 강한 집착력을 가지고 있는 것이다. 도대체 경마만을 고집하는 일편단심은 어디에서 나온 것일까?

경마는 달리는 말에 배팅하는 비교적 단순한 게임이다. 하지만 경마의 스릴과 박진감은 어떤 도박에서도 느낄 수 없다. 경마꾼들은 1분의 순간을 위해서 23시간 59분을 산다는 이야기가 있다. 그만큼 손에 땀을 쥔다는 이야기다. 레이스를 돌진하는 속도감, 부단히 채찍질하는 기수, 앞서거니 뒤서거니 하는 경주마들……. 관람객들은 그 옛날로 돌아가 넓은 평원에서 말달리는 자신을 꿈꾼다. 한 마디로 요약한다면, '원초적 스릴의 대리 만족'이라고나 할까.

고려시대에 오늘날의 경마에 비견되는 스포츠가 있었다. 페르시아에서 폴로(polo)라고 불렸던 격구擊毬가 그것이다. 격구는 말 위에서 긴 장대를 가지고 공을 골대로 쳐넣는 경기이다. 격구는 고려시대에 가장 흥행하였고, 임진왜란을 거친 조선 후기에는 명맥이 끊겼다. 『고려사』에는 격구와 관련된 기록이 약 60건이나 나온다. 향유계층은 모두 왕과 권력자로서 고려시대의 지배층이다. 현대의 경마와 다른 점은 '보는 스포츠'일 뿐만 아니라 '하는 스포츠'라는 점이다. 왕이 직접 격구를 하였으며, 신하들을 시켜 격구를 하게 하고 관람하기도 하였다. 왕이 신하들에게 주연을 베풀 때 기마병들로 하여금 격구를 하도록 하는 경우도 있었다. 이처럼 지배층들에게 격구는 가장 인기 있는 스포츠였다. 고려시대의 대표적 문인인 이규보는 격구를 보고 난 소감을 이렇게 적고 있다.

현대에 재현된 격구 장면.

> 격구 놀이장은 무려 400보쯤이나 되고 평탄하기가 숫돌과 같이 반듯하였다. 둘레는 담을 둘렀는데 그 길이는 몇 리나 된다. …… 왕량王良이나 조부造父와 같이 말을 잘 타는 자들이 천 리를 달리는 준마를 타고 재빠르게 휘둘러 번개처럼 달리게 하였다. 그랬더니 동쪽에서 서쪽으로 달릴 것처럼 하다가는 멈추기도 하고, 달리는 말 위에서 서로 손을 맞잡기도 하였다. 말은 서로 발굽을 모으기도 하면서 뛰고 돌고, 공이 굴다가 없어지는 가운데서 공을 빼앗곤 하였다. 마치 용무리들이 갈기를 날리며 사나운 발톱을 뻗치며 큰 바다 속에서 하나의 진주알을 놓고 다투는 것 같았다. 참 놀랄 만하였다.[2]

이규보의 묘사가 손에 땀을 쥐게 한다. 넓고 평탄한 격구장에서 말들이 서로 엉켜 공을 치는 모습이 굉장하다. 오늘날의 경마보다 몇 배나 박진감 넘치는 풍경이 아닐 수 없다. 이러한 스릴과 쾌감이 격구에 빠지는 원인이 되지 않았을까?

격구,
마상무예의 전통

　　　　　　　　　격구의 기원에 관해서는 여러 가지 설이 있다. 중국의 중원설·페르시아설·티벳설 등……. 그러나 일반적으로 격구는 페르시아 지역에서 시작되었다고 전해진다. 그렇다면 우리나라에는 언제 전래되었을까? 나현성은 7세기 나당 연합 당시 한반도에 주둔한 당나라 군사들에 의해 전해졌다고 보았다.[3] 과연 격구가 7세기 이후에나 들어왔을까?

　격구는 먼저 기마무예의 전통으로 이해되어야 할 것 같다. 격구를 위해서는 상당한 기마술이 전제되어야 한다. 무용총舞踊塚의 수렵도狩獵圖 등 고구려 고분벽화를 보면 고구려인의 상당한 수준의 기마술을 엿볼 수 있다. 고구려인의 기마술은 북방민족과의 수많은 전투, 고지대에서 맹수들의 사냥을 통해 얻은 것이다. 따라서 당에 의한 신라 전래설보다는 고구려를 통해 유입되었다는 설이 설득력이 있어 보인다.

　　　　　　　　『해동역사』의 기록을 보면 격구가 북방민족이 즐겼던 놀이였음을 알 수 있다. 889년 발해의 사신 왕문구王文矩가 일본을 방문했을 때 연회 자리에서 격구를 보여 주었다는 기록이 있다.[4] 이 경기를 본 일왕은 「이른 봄에 타구를 보고 早春觀打毬」라는 시까지 지었다고

삼국시대의 기마 인물형 토기(국립중앙박물관 소장).

한다. 이 시는 발해인의 훌륭한 격구 솜씨를 찬양하는 내용이다. 발해인의 격구공으로 추정되는 유물이 발견되기도 하였다. 출토지는 발해의 수도였던 상경上京의 용천부龍泉府[5] 유적이다. 뼈로 만든 이 공의 직경은 8cm 정도이며 겉면에는 색칠의 흔적이 있다.[6] 발해에서는 격구놀이를 '구마회' 라고 하였다. 구마회는 말을 타고 하는 공놀이 모임을 지칭하기도 한다. 그만큼 발해인들이 격구를 즐겼다는 반증이다. 발해는 고구려 유민이 말갈인 등을 규합하여 세운 국가이다. 따라서 발해인의 격구 전통은 고구려로부터 전해진 것이라 볼 수 있지 않을까?

격구는 고려로 이어졌다. 태조 원년(937)에 상주 반란군 장수 아자개阿字蓋의 투항을 위하여 구정毬庭에서 의식을 거행하였다고 한다.[7] 고려 초부터 격구장이 마련되어 있었던 것이다. 격구장은 넓고 평탄한 장소이므로 연병장·의례장 등 다양하게 이용되었다. 숙종 9년(1104) 여진 정벌의 실패 이후 별무반別武班의 하나로서 신기군神騎軍이 설치되었다. 이 기병부대의 훈련을 위해 격구가 시행되었다. 1110년 예종은 직접 신기군 병사들의 격구를 검열하였고, 1127년 인종도 신기군을 시켜 격구를 하게 하였다. 의

고구려 무용총의 수렵도.

종 재위시에도 기병들에게 격구를 시켰다는 여러 가지 기록이 있다. 마상무예로서 격구의 성격을 짐작하게 한다. 기마병들에게 격구는 필수적인 훈련과정이었던 것이다.

고려시대 격구왕擊毬王, 의종毅宗

고려시대 '격구왕'이라 부를 만한 임금이 있었다. 그는 바로 고려의 제18대 왕 의종毅宗이다. 의종은 무신 정중부鄭仲夫와 이의방李義方에 의하여 폐위되었다. 의종 때부터 무신정권기가 시작된 것이다. 의종은 문신들을 우대하고 무신들을 천대하였던 인물로 알려져 있다. 그러나 그는 말달리고 활쏘기를 좋아하는 무인武人의 성향이 짙은 인물이었다. 방종하기로 소문난 의종은 한마디로 '끼 있는' 인물이었다. 얼마나 격구를 좋아했던지 이틀 동안 격구를 구경하기도 하였다. 대궐에서 국사를 논한 다음 그는 바로 격구장으로 달려갔다. 아예 대궐 뒤뜰로 기병들을 불러다가 북을 치고 격구를 하는 일도 있었다.

의종은 격구를 '보는 스포츠'로서 즐겼을 뿐만 아니라 '하는 스포츠'로도 즐겼다. 의종 자신이 격구선수이기도 하였다. 『고려사』 의종 원년(1147)에는 다음과 같은 기사가 있다.

> 왕이 북쪽 후원에 나가 놀면서 측근자들에게 이르기를 "나의 격구擊毬 기술도 이제는 다시 시험하여 보지 못하겠다"라고 하였다.

이윽고 공을 가져다 치는데 아무도 왕의 적수가 될 만한 사람이 없었다.[8]

이처럼 의종의 격구기술은 당해낼 자가 없었을 정도로 출중했다. 당시 의종은 임금의 자리에 오르면서 격구를 그만두려고 했지만 이를 지킬 수가 없었다. 그는 스포츠 도박의 중독자처럼 늘 격구에 빠져 있었다. 신하들은 의종의 격구 중독증에 대하여 심각하게 고민했다. 정언正言 이지심李知深은 문 밖에서 2일 동안 간諫한 적도 있었다.

의종 6년(1152)은 가뭄의 피해가 극심했다. 관원들은 전국의 명산대첩과 신사를 찾아다니면서 기우제를 올려야 했다. 고대부터 중세까지 혹독한 가뭄이 오면 최고통치자인 왕부터 근신하는 것이 상례였다. 그런데 의종은 가뭄에도 아랑곳하지 않고 격구를 즐기는 것이었다. 사태가 심각함을 깨달은 간관諫官들은 아예 한림원翰林院에서 숙식하면서 격구를 하지 말라고 부탁하였다. 그제야 도가 지나쳤음을 깨달은 의종은 말들을 모조리 내보냈다고 한다.[9]

중국 고대의 격구 모습(당나라 장희태자묘에 그려진 벽화 부분 그림).

12세기 고려사회는 급격한 변화가 시작되었다. 이자겸의 난과 묘청의 난을 겪으면서 종래의 지배질서는 해체를 겪고 있었다. 지배층 간의 갈등이 커졌으며, 지배층과 민중들 사이의 모순도 격화되었다. 이러한 사회갈등은 경제적 잉여가 축적되고 지배층이 이를 독점하면서 야기되는 현상이다. 지배층은 경제적 잉여를 바탕으로 난숙한 문화생활과 향락적인 소비생활을 즐길 수 있었다.[10] 민중들은 가난이 극심해져 떠돌이와 도둑으로 전락해가는 반면 지배계층 사이에서는 사치풍조가 만연했던 것이다. 12세기 지배계층의 이러한 풍조는 격구 스포츠가 성행할 수 있는 배경이 되었다.

무신정권 이후의 격구

1170년 무신정권이 들어선 후 격구는 더욱 번창의 길을 걸었다. 특히 최씨 집안이 정권을 독점하면서 개인 격구장이 세워졌다. 이들은 지배층과 협력관계를 돈독히 하기 위해 자주 연회를 베풀었다. 이 연회 프로그램의 일환으로 격구 수요도 증가하였다. 또한 무신들은 종래 문벌귀족들의 대토지를 접수하여 가산을 키워나갔다. 이들이 소유한 토지와 인력들은 사설 격구장을 세울 수 있는 경제력이 되었다.

최충헌은 격구장에 담을 세우는 큰 일을 벌였다. 종래 격구장의 경계는 간단히 말뚝으로 표시를 하는 정도여서, 공이 경계 바깥으로 나가는 일이 비일비재하였고 경기의 흐름이 끊기는 일도 많았다. 이

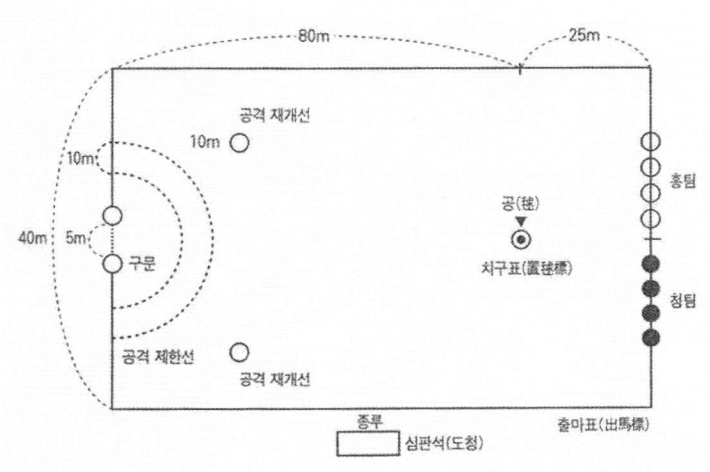

격구장의 규격.

를 방지하기 위해서 몇 리나 되는 담을 세운 것이다.[11] 그런데 전례없이 거대해진 사설 격구장은 대부분 강압적인 방식으로 만들어졌다. 민중들의 피와 땀이 없으면 불가능한 일이었다.

> 최이崔怡가 그 이웃에 있는 가옥 1백여 동을 강점해서 구장毬場을 건설했는데 동서東西의 너비가 수백 보步요, 평탄하기가 바둑판 같았다. 매양 격구할 때면 반드시 동리 사람들을 동원시켜 먼지가 일지 않게 물을 뿌렸다. 그 후 또 인가를 허물어서 구장을 넓혔는데 전후 강점한 인가가 무려 수백 호에 달했다.[12]

최이는 최충헌의 아들로, 권세를 이용하여 많은 악행을 저지른 인물이다. 최이의 격구장에 먼지가 날리지 않게 하기 위해서 물을 뿌리는 데 백성들이 동원되었다. 구장을 넓히기 위해 민가를 허물기도 했다. '격구왕' 의종 재위 기간에도 없던 일이다.

최씨 정권이 격구를 장려했던 것은 군사력의 유지와 관련이 있었다. 무신정권기 내내 반란과 소요가 계속되었으므로 이를 제압할 수 있는 가병들이 필요했다. 최씨 집안은 자신의 권력을 유지하기 위해서 마별초馬別抄라는 가병家兵들을 키웠다. 이 마별초의 기마 훈련을 위해서 격구를 하게 했다. 날마다 격구와 함께 창쓰기, 말달리기, 활쏘기 등의 훈련을 시켰다. 때로는 중신들을 모아놓고 연회를 베풀면서 이 군사훈련을 보여주었다. 무술이 출중한 자에게는 그 자리에서 상을 주었다. 자연히 최씨 정권의 권력을 등에 업은 마별초들의 권세도 커졌다. 그들은 격구를 할 때 호사스러운 차림을 하고 다녔다. 금으로 안장의 아래 끝을 장식하거나, 금엽金葉으로 만든 꽃을 말 머리와 꼬리에 꽂은 자도 있었다.[13]

고려시대 상류층들에게 격구가 퍼지면서 격구는 점차 사치스럽게 변했다. 상류층의 자녀들과 젊은 무관들이 '귀족 스포츠'로서 격구를 즐겼다. 격구는 화려한 연회와 함께 진행되었다. 기생의 춤과 음악까지 곁들여지면서 마치 이벤트 무대와 같아졌다. 아래의 기사는 사치스러운 격구 풍경을 잘 보여주고 있다.

고려에는 매양 단오절端午節에 젊은 무관武官과 관리들의 자제子弟들을 뽑아서 격구擊毬의 기예技藝를 익히는 풍속이 있다. 그 날이 되면 큰 길에 용봉龍鳳의 장전帳殿을 설치하고 길 복판에 구문毬門을 세우고, 왕이 장전帳殿에 나아가서 이를 구경한다. 연회를 베풀어 여악女樂을 벌여 놓고, 경대부卿大夫들이 모두 왕을 따른다. 길

왼쪽과 오른쪽에 장막을 매고 금단錦段으로 장식하여, 이를 화채구畵彩毬라 부른다. 부녀자를 포함해 구경하는 사람이 많이 모이게 된다. 격구하는 사람은 의복 장식을 화려하게 하여 다투어 사치를 숭상하였다. 말안장 한 개의 비용이 중인中人 열 집의 재산에 해당되었다.[14]

열 집의 재산을 합쳐야 말안장 한 개를 살 수 있었다니……. 현대의 승마도 일반인들이 접근하기 어려운 스포츠이다. 말 값이 보통 수천만 원을 호가할뿐더러, 이용료·승마용품 등이 비싸서 보통 사람들은 쉽게 찾지 못한다. 고려사회에서도 말을 소유할 수 있는 사람은 특정 계층에 한정되었다. 사실 말을 타고 놀이를 즐긴다는 것은 백성들이 상상도 못한 일이다. 고려시대의 말은 매우 귀한 재산이었기 때문이다.

공양왕恭讓王 3년(1391), 낭사郎舍[15]가 올린 상소문을 보면, "말 한 필에 노비 두세 명을 주고서도 값이 모자란다"[16]고 하였다. '노비 목숨'보다 '말 목숨'이 소중한 시기였던 셈이다. 말은 지배층의 교통수단이었으므로, 기마 능력 역시 지배층에게 전수되었다. 이들은 단순한 승마 외에도 다양한 기마술을 익힐 수 있었다. 왕과 신하들이 격구를 즐길 수 있던 데에는 이런 배경이 있었던 것이다.[17]

격구의 도박성과 금령

고려시대 격구 경기에서는 내기상품을 걸었다. 내기성 놀이들은 도박으로 경계를 넘을 수 있는 것들이다. 내기가 지나치고 재물을 많이 걸게 되면 폐단이 커지는 법이다. 도박과 동의어인 '노름'은 '놀이'와 '놀음'에서 파생되었다는 설이 있다. 이처럼 내기 놀이는 도박의 성향을 갖고 있다. 고려의 왕들은 격구를 시킬 때 승패와 실력에 따라서 재물을 나눠주었다. 다음과 같은 역사적 사례를 보자.

명종明宗은 경대승慶大升을 비롯해서 여러 무관들에게 격구를 시킬 때, 능견綾絹을 차등 있게 주었다.[18] 희종熙宗도 신하들과 함께 격구를 구경하고, 격구 선수들에게 채단采緞을 차등 있게 주었다.[19] 충렬왕은 기관별로 편을 갈라 격구를 시켰는데, 우승자에게는 은병銀瓶을 상으로 주었다.[20] 격구의 내기 전통은 조선 초까지도 이어졌다. 태종太宗은 내탕內帑[21]의 물건을 걸고 격구를 하였다.[22] 이때 도총제 이징李澄이 말 한 필을 얻었다고 한다. 세종世宗도 마찬가지였다. 내정內庭에서 격구를 했을 때 승리자인 청평부원군清平府院君 이백강李伯剛에게 내구마內廐馬 한 필을 주었다.[23] 왕이 친히 상품을 걸고 승부를 진행하게 하였으니 뜨겁게 달아올랐을 경기의 열기를 짐작할 만하다.

격구는 주로 젊은 무신과 귀족 자제들에 의해서 행해졌다. 이 중에는 속칭 '껄렁껄렁한 무뢰한'들도 적지 않았다. 의종에게 모반자로 찍혀서 귀양간 왕장王璋과 이구수는 무뢰한으로 알려졌다. 이들은

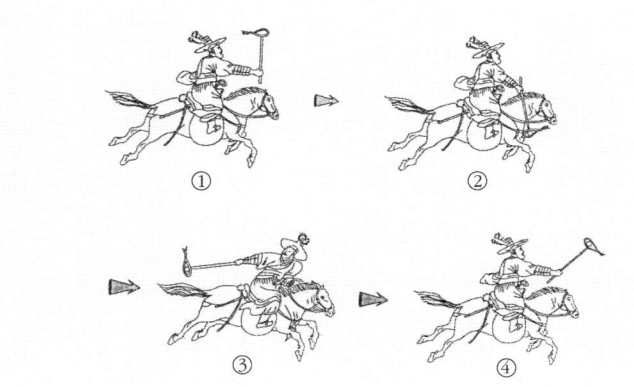

『무예도보통지』에 수록된 격구의 기본자세(그림① 비이比耳 자세→ 그림② 할흉割胸 자세→그림③ 방미防尾 자세→ 그림④ 배지排至 자세).

활쏘기와 말타기를 좋아하는 자들로서 음주·도박하고 격구를 하면서 놀았다고 한다.[24] 무뢰한들의 행위가 음주, 도박, 격구로 대표되고 있음이 주목된다. 이것은 당대 불량스럽게 노는 젊은이들의 대표적인 놀이와 여흥문화였던 것이다.

12세기 이후 격구가 지나치게 사회적 문제를 야기하자, 금령禁令이 내려지는 경우가 생겨났다. 고려 예종 11년(1116) 격구가 처음으로 금지되었다. 예종睿宗의 환도에 맞추어 신하들이 마천정馬川亭 앞에서 부녀자들로 하여금 격구를 하게 하였다. 이때의 사치스러움이 너무 심하였으므로 격구가 금지되는 결과를 가져왔다.[25] 또한 공민왕 23년(1374)에도 격구와 석전 놀이를 함께 금하였다. 『고려사』의 형법 편에서도 충숙왕 원년(1314) 5월에 격구를 금지시켰다는 내용이 있다.[26] 금령의 기록은 당시의 사회적 폐단을 알려주는 중요한 자료이다. 고려시대의 격구가 놀이로서의 건전성을 상실하고 있음을 보여주는 것이다.

태조 이성계는 격구의
금메달리스트였다

　　　　　　　　　12세기 무렵 세계격구대회가 열렸다면 고려가 금메달을 차지하지 않았을까. 엉뚱한 생각인 듯하지만, 고려에는 아주 뛰어난 격구선수가 많았으므로 충분히 가능한 상상이다. 고려의 왕과 태자들은 뛰어난 격구선수들을 총애하여 곁에 두었다. 고려시대에 격구능력이 뛰어난 인물로는 윤길보尹吉甫, 기탁성奇卓誠, 송화宋和, 장계렬張季烈 등을 들 수 있다. 특히 윤길보, 기탁성, 장계렬 등은 기마와 격구를 잘 해서 벼슬까지 얻은 인물들이다. 고려시대에 격구는 벼슬길로 나아가는 지름길이 되기도 하였다.

　　격구왕 의종이 발탁한 인물이 기탁성이다. 기탁성은 말달리기와 활쏘기에 능숙할뿐더러 얼굴까지 잘생겼다. 의종은 기탁성을 견룡牽龍으로 등용하여 항상 자기 곁에 두었다. 그는 재상들과도 친밀한 관계를 유지한 덕에 위장군衛將軍 벼슬까지 오르게 된다.[27] 그러나 의종은 믿었던 기탁성에게 결국 배신을 당한다. 기탁성은 정중부의 난에 가담하여 의종을 폐위시키는 데 한 몫을 담당했다. 윤길보는 격구를 잘 해서 태자의 동궁에 출입하게 된 인물이다. 충선왕이 그를 총애하여 중낭장中郎將의 벼슬을 주었으며, 그의 말이라면 다 들어주었다고 한다. 그는 이후 대장군의 벼슬에까지 올랐다.[28]

　　격구의 신동으로는 송화를 꼽을 만하다. 그는 어려서부터 기마騎馬와 격구를 습득하였으며, 구장球杖을 쓰는 기예가 고금에 유례가 없었다고 한다. 그의 격구를 본 왕은 시종들에게 "만약 신조神助가 아니라면 필시 마술이다"라고 칭찬하였다.[29] 격구를 잘 해 죄를 벗은 사람도 있었다. 녹사錄事 최종崔宗은 금주령을 위반하고 술을 먹다가 감찰사監察司에 걸리게 되었다. 왕이 최종에게 말하기를, "네가 장기長技를 시험하여 보라, 잘 하면 용서하여 주겠다"라고 하였다. 그러자 최종이 임금 앞에서 격구 실력을 뽐냈다. 이를 본 왕은 기뻐하면서 죄를 사해주었다고 한다.[30]

고려 말 가장 탁월한 격구선수는 태조 이성계였다. 그가 약관을 갓 지났을 무렵, 단오절을 맞이하여 공민왕이 직접 참관하는 격구대회가 열렸다. 이성계는 이 대회에 출전해 훌륭한 격구솜씨를 보여주었다. 그의 솜씨를 보고 전 백성들이 '예전에 듣지 못한 일'이라 하며 놀랐다고 한다. 『태종실록』에 기록된 그의 격구솜씨를 보도록 하자.

태조도 또한 그 선발選拔에 참여하여 공을 운행할 때에, 말을 매우 빨리 달려서 벌써 수양垂揚이 되었다. 그런데 공이 문득 돌에 부딪쳐 거꾸로 달아나 말의 발 뒤로 나왔다. 태조는 즉시 몸을 돌린 다음에 위를 쳐다보면서 말 꼬리에 있는 공을 치니, 공이 도로 말 앞발 사이로 나왔다. 이를 다시 쳐서 문밖으로 나가게 하니, 그때 사람이 이를 방미防尾라 하였다. 또 공을 운행해 칠 때는 벌써 수양垂揚이 되어 공이 다리 기둥에 부딪쳐 말의 왼쪽에 나가자, 태조는 오른쪽 등자를 벗고 몸을 옆으로 돌려서 기울이면서 이를 맞혀 다시 문밖으로 쳐냈다. 그때 사람들이 이를 횡방橫防이라 하였다. 온 나라 사람들이 몹시 놀라면서 전고前古에

격구의 수양수垂揚 手 자세.

듣지 못한 일이라 하였다.[31]

당시의 격구는 상대의 골문에 공을 쳐서 넣는 경기였다. 즉 좌우 두 대열로 격구선수들이 선 다음에 기생이 공을 던지면 양쪽에서 일제히 말을 타고 공으로 달려든다. 그런 다음에 공을 몰고 가서 상대편의 골문에 공을 쳐 넣는 것이다.[32] 위 기사에서 소개된 수양, 방미, 횡방 등은 격구에서 양식화된 기술에 해당된다. 말을 달리는 상황에서 이러한 기술을 적절히 발휘하기란 쉽지 않다. 균형감각이 뛰어나야 되고 몸을 재빨리 움직여야 한다. 아차 하거나, 말이 서로 부딪칠 경우에는 크게 다칠 수 있다.

이성계의 격구 능력은 어렸을 적부터 각종 무예와 사냥을 통하여 습득한 것이다. 그의 집안은 동북면의 최고 실력자였으므로, 그는 격구를 향유할 수 있는 부유한 토양에서 성장하였다. 이성계의 아버지 이자춘李子春은 쌍성총관부 공격 시에 공을 세워 고려의 벼슬을

보행격구의 모습 (2003년 민속예술 축제에서 촬영). 보행격구는 조선시대 궁궐 내에서 많이 행해졌다.

받게 되었다. 이성계는 충숙왕忠肅王 4년(1335) 10월에 화령부和寧府에서 태어났다. 이성계는 화살과 사냥을 하면서 자랐다. 태조의 무예 실력은 다소 과장이 있지만 매우 뛰어났다고 생각된다. 그는 한 번 화살을 쏘아서 까마귀 5마리의 머리를 명중시켰다. 또한 연속으로 7마리의 노루를 맞힌 적도 있다고 한다.

조선 초기 태종과 세종은 신하들의 반대에도 불구하고 격구를 계속 옹호하였다. 예를 들면 세종 7년(1425) 사간원에서는 격구를 금지해달라는 상소를 올렸다. "격구 유희는 고려가 왕성한 때에 시작된 것입니다. 고려 말기에 이르러 격구는 실없는 유희의 도구가 되었으며, 국가에 하나도 도움이 되지 못합니다. 유익함이 없고 후대에 폐단을 끼칠까 두려우니 격구의 법을 정지해주소서."라는 내용이었다. 이때 세종은 "나는 격구를 이렇게까지 극언할 것은 아니라고 생각한다"라고 답하며 물리쳤다고 한다.[33]

격구에 대한 세종의 옹호 정책은 일종의 유훈遺訓정책이 아니었을까? 태조가 뛰어난 격구실력자로서 격구를 좋아했음은 세상이 다 아는 바이다. 그런데 격구의 폐단을 인정한다면 태조 행적의 부당성을 공인하는 것이나 다름없다. 세종은 무과의 시험과목으로 격구를 채택하였으며, 『용비어천가』 44장을 태조의 격구실력을 찬양하는 글로 구성하였다.[34] 또한 세종 자신도 종친들과 함께 격구를 즐겼다.

돈내기 승부는 도박이다

　　　　　　　　얼마 전 내기승부가 도박인가에 대하여 뜨거운 논란이 벌어진 적이 있다. 재판부가 억대의 내기골프를 한 자들에 대하여 무죄를 선고했기 때문이다. 이 판결의 근거는 골프가 운동경기라는 것이다. 운동경기는 기능과 기량이 지배적으로 승패에 영향을 미치는 것으로, 우연성에 좌지우지하는 도박과는 다르다는 것이다. 또한 법원은 내기성 경기에 도박죄를 성립시킨다면 올림픽의 금메달 포상금과 프로선수의 성과급도 도박으로 보는 꼴이라고 반문했다.[35]

　이 판결의 논거는 도박과 운동경기가 다르다는 점에서 시작된다. 즉 화투 · 마작 · 포커 · 슬롯머신 등은 도박이요, 골프 · 축구 · 농구 · 복싱 등은 운동경기라는 것이다. 그러나 도박과 운동경기가 다른 범주라는 판단은 잘못된 것이다. 도박으로 분류되는 화투 · 마작 · 카드놀이 등도 사행성 · 중독성을 없앤다면 그야말로 '순수한 놀이'에 해당된다. 도박의 원인은 놀이 그 자체에 있는 것이 아니라 놀이에 건 '판돈'에 있다. 내기골프의 피고인 4명이 건 판돈이 총 '14억원'이라 한다. 사회의 통념과 정면으로 배치되는 도박적 행위가 분명하지 않은가.

　어느 설문 조사의 결과를 보면 '내기 중독 골퍼'가 25%나 된다고 한다. 골프라는 운동이 사행성과 우연성이 많아서 골퍼들은 끊임없이 '내기유혹'을 받는다는 것이다.[36] 거기다 골프는 '귀족 스포츠'라고 인식되고 있다. 우리나라에서 골프를 즐기는 사람들은 부유층·지배층 등 특권층인 경우가 많다. 실제로 내기골프를 하다 도박죄로 걸려든 사람들은 소위 '회장님'이라고 불리는 이 시대의 귀족층이었다. 이들은 오히려 사회적 모범이 되어야 할 계층이 아닌가.

골프 이외에도 스포츠가 도박으로 변질되는 사례들이 적지 않다. 이것은 스포츠를 있는 그대로 즐기는 것이 아니라 승부에 따라 내기를 하려는 욕심 때문에 비롯된다. 음식내기, 술내기를 하였다고 비난하는 사람들은 없다. 사회적으로 위화감을 조성할 정도의 내기 돈을 거는 자들이 문제이다. 수천만 원, 수억 원을 걸고 스포츠를 즐긴다면 경마, 카지노, 화투 등의 도박과 무엇이 다르겠는가.

1799년 황해도에서 곡산부사로 재임하고 있던 정약용은 절도사에게 다음과 같은 내용의 편지를 보냈다. "경자년 봄에 촉석루에서 떠들썩하게 악기를 연주하다 해가 저물어서야 파하였습니다. 그리고 심 비장과 함께 저포 노름을 하여 3천전을 가지고 여러 기생들에게 뿌려주며 즐겁게 놀았던 일을 아직 기억하십니까? 이제는 벌써 19년이 지났는데도 어제의 일처럼 역력합니다."

5장

양반과 기생, 쌍륙판에서 내기를 벌이다

도박과 쌍륙

신윤복의 풍속화, 「쌍륙삼매雙六三昧」

　　　　　　　　혜원 신윤복의 풍속화는 조선 후기 사회의 단면을 적나라하게 보여주는 그림이다. 신윤복은 국가기관인 도화서圖畵署의 화원이었다. 그러나 그의 그림은 기왕의 성리학적 이념으로 그려진 '맞춤식 회화'와는 사뭇 딴판이다. 그는 19세기 사실주의 화풍을 새롭게 이끌어냈다. 사회경제의 발전에 따른 조선 후기의 모습을 사실적으로 그려낸 것이다. 에로스가 그윽한 연애의 풍경, 양반들의 향락적 일탈, 도회지의 일단면, 욕정을 불러일으키는 성풍속까지……. 그의 붓은 조선 후기의 뒷골목 풍경으로 향하였다. 우리는 혜원의 풍속화 속에서 어느 기록보다도 생생하게 조선 후기의 진상을 길어 올릴 수 있다.

혜원 신윤복의 「쌍륙삼매」.

간송미술관에 소장되어 있는 국보 제135호 『혜원풍속화첩』은 보물 중의 보물이다. 이 화첩에는 혜원의 풍속화 30점이 실려 있다. 도회지의 남녀 행락의 모습이 주된 소재이다. 기방의 안팎과 야외의 여흥, 양반의 풍류 등이 주요하게 등장한다. 대개 한량으로 불리는 양반층과 하급관료, 그리고 기생들이 출연하여 이 풍속화를 엮어나가고 있다. 그런데 그 중 도박에 빠진(?) 필자의 눈을 번쩍 뜨이게 하는 그림이 하나 있으니, 바로 「쌍륙삼매」이다. 이 그림은 당대 쌍륙도박의 사회상을 잘 보여주는 풍속화이다. 두 쌍의 남녀가 야외에서 풍류를 즐기다가 쌍륙을 두는 장면이 포착되어 있다. 남녀의 복식으로 보건대 양반과 기생이 분명하다.[1] 한 쌍의 남녀는 쌍륙판에 바짝 다가서서 쌍륙에 몰입하고 있다. 쌍륙을 두는 남자는 쌍륙이 뜻대로

기산 김준근의 풍속화 「쌍륙 치는 모습」.

되지 않는지 탕건을 벗어두고 소매도 걷어올린 모습이다. 이를 지켜보는 나머지 남녀 한 쌍, 그들도 쌍륙에 한껏 빠진 듯 진지한 표정이다.

조선 말기의 풍속화 가운데에는 기산箕山 김준근金俊根의 그림에서 '쌍륙치는 모습'이 자주 등장한다. 기산은 부산의 초량草梁에 살았다고 전해지는 조선 말기의 풍속화가이다. 그는 부산·원산·제물포 등 개항장에서 활동하면서, 풍속화를 하나의 기념엽서처럼 그려서 외국인들에게 판매했다.[2)] 기산이 외국인들에게 그려준 그림 중에는 「쌍륙 치는 모습」이란 풍속화가 있다. 이 그림은 남녀 4명이 기방에서 쌍륙 치는 풍경을 담고 있다. 양반과 기생이 서로 쌍륙을 두고 있고, 나머지 양반 2명은 장죽을 물고 쌍륙판을 응시하고 있다.

옆에는 신선로를 들고 있는 동자가 주안상 앞으로 걸어가고 있다. 양반들이 기생들과 음주를 즐기다가 쌍륙을 노는 모습을 그린 것이다. 혜원의 「쌍륙삼매」와 마찬가지로 양반과 기생의 풍류생활을 잘 나타내주고 있다.

풍속화는 그 시대의 유행과 생활상을 그린 것이다. 풍속화에 나타난 모습은 마치 기록사진처럼 당대에 유행하였던 생활관습을 일깨워준다. 혜원과 기산의 쌍륙 도박 풍속화는 쌍륙 두는 풍경이 기방에서 성행했던 하나의 유행적 풍속임을 보여주고 있다. 조선 후기의 기방에서 양반과 기생 그리고 술과 쌍륙 도박이 어우러졌던 것이다.

쌍륙 도박으로 기생들에게
3천 전을 뿌린 다산

조선 후기는 경제와 사회의 변동이 가속화되는 시기이다. 기녀제도도 예외일 수 없었다. 양반들의 작첩 행위가 증가하였다. 관기官妓들이 개별 양반의 첩이 되는 일이 늘어났고, 기녀들도 사영업을 통해서 재물을 추구하였다.[3] 도회지에서는 기방과 술집이 늘어났고, 양반들의 풍류생활도 한껏 넓어졌다.

양반들의 풍류생활이란 무엇일까? 조선시대 기녀풍속을 연구한 '기생 박사' 조광국은 다음과 같이 정리하고 있다.

조선 후기로 가면서 풍류와 향락의 대상이 사회 전반으로 확대되었다. 양반의 풍류생활과 향락생활이 모두 주酒, 가歌, 무舞의 생활을 토대로 하고 있어서 확연히 구분할 수는 없지만, 풍류생활이 멋과 예술이 곁들여진 생활을 뜻한다면 향락생활은 관능적 쾌락을 추구하는 생활이라 할 수 있다.[4]

양반의 풍류의식에는 주酒·색色·악樂이 큰 흐름으로 관통하고 있다. 풍류생활을 받치고 있는 것이 바로 조선사회의 기녀제도이다. 국가나 지방관청에 소속된 천민이었던 기녀들은 양반들의 풍류와 향락의 수단이 되어 각종 행사나 연회에 동원되었다. 조선사회가 공식적으로 운영하던 기녀제도는 사실 조선의 지배층을 위한 것이었다. 양반으로 대변되는 지배층들은 그 속에서 멋과 예술, 관능적 쾌락을 마음껏 누렸다. 특히 조선 후기로 갈수록 풍류생활 속에서 향락적 요소의 비중이 늘었다.

양반들이 기녀들과 누린 풍류생활 중에 빠뜨릴 수 없는 것이 있다. 바로 풍속화에서 보았던 쌍륙 도박! 이는 누구라도 따질 것 없이 보편적인 양반들의 도박 풍속이 되었다. 정치의 재편, 행정의 쇄신, 수령의 도리를 강조했던 다산茶山 정약용도 예외는 아니었다. 1799년 황해도에서 곡산부사로 재임하고 있던 정약용은 절도사節度使에게 다음과 같은 내용의 편지를 보냈다.

경자년[5] 봄에 촉석루矗石樓에서 떠들썩하게 악기를 연주하다 해가 저물어서야 파하였습니다. 그리고 심 비장沈裨將과 함께 저포樗蒲놀음을 하여 3천 전을 가지고 여러 기생들에게 뿌려주며 즐겁게 놀았던 일을 아직 기억하십니까? 이제는 벌써 19년이 지났는데도

어제의 일처럼 역력합니다.[6]

이 편지의 저포 노름은 윷놀이가 아닌 쌍륙놀이를 의미한다. 조선시대의 저포는 도박 일반을 뜻하기도 하였고, 때로는 쌍륙놀이의 의미로 사용되기도 하였다.[7] 다산이 촉석루에서 기생들과 한껏 놀던 때는 약관이 되기 전의 젊은 나이였다. 벼슬길에 오르기 전임은 물론이다. 의식 있는 정약용이 어떻게 3천 전이란 거금의 노름돈을 뿌렸을까? 혹 과장은 아닐까? 의문이 꼬리에 꼬리를 문다. 아무튼 다산이 기생들과 많은 노름돈을 걸고 쌍륙 도박을 한 것은 틀림없는 사실이다.

구한말의 기생. 도발적 포즈를 취하고 있다.

이는 다산만의 개인적인 문제가 아니라 보편적인 사회상으로 이해해야 될 것 같다. 기방에서도 양반과 기생이 함께 즐길 수 있는 놀이가 필요했는데, 쌍륙이 가장 제격이었던 것이다. 술에 취한 양반들은 노름돈을 기생들에게 뿌리며 호기를 부렸다. 기생의 입장에서도 양반들과 놀이를 하고 돈도 얻을 수 있으니 얼마나 좋은 일인가! 기생들 중에는 쌍륙을 잘 두는 마니아들도 적지 않았을 것이다. 양반은 호기를 부리고, 기생은 노름돈을 후리고……. 쌍륙판은 끊임없이 벌어졌고 기방 풍속의 하나로 자리 잡았던 것이다.

조선의 상류사회와
여성들의 쌍륙판

　　　　　　2003년 개봉된 영화 「스캔들 – 조선남녀
상열지사」의 재미는 조선 후기 사대부가의 일상사를 엿볼 수 있다는
점에 있다. 바람둥이 부호군 조원과 요부 조씨 부인, 그리고 정절녀
숙부인이 사랑게임을 벌인다는 내용이다. 결국 춘화春畵 속의 벌거
벗은 인물은 하찮은 백성이 아니라 품위 있는 사대부였음이 폭로된
다. 영화 내용처럼 실제로 18세기 조선의 상류사회가 농염한 스캔들
로 파도치고 있었을까?

　이 영화의 또 다른 묘미는 각종 장식 세트와 소품, 패션들이다.
사대부 사회의 풍취를 보여주기 위해 고안된 것들인데, 자세하게
본 독자라면 영화 속 쌍륙판이 등장하는 모습이 떠오를 것이다. 이
장면을 본 필자는 조선 후기 사대
부가 여성들의 일상사를 잘 그려
냈다고 생각했다. 쌍륙판 위에 주
사위 두 개를 던진 숙부인의 이모
(좌의정 부인)가 "어찌 백삼만이
자꾸 나오냐. 또 굵게 생겼네." 하
고 자탄하는 장면이다. 백삼은 주
사위의 1, 3 사위에 해당한다.

당나라 주방周昉의 「내인쌍륙도內人雙陸圖」.

　사대부가의 여성들은 쌍륙의
마니아들이었다. 궁궐 내에서도
희빈과 공주들이 쌍륙을 가지고

노는 일이 많았다. 쌍륙의 대중화에는 여성들의 힘이 컸던 것이다. 중종·선조 때의 문신이었던 미암眉巖 유희춘柳希春(1513~1577)의 후손 가문에서는 혼례 시 쌍륙을 혼수품으로 지참하였다고 한다. 이는 쌍륙이 여성들의 놀이로서 보편화되었다는 증거이다.[8] 사실 조선의 상류사회 여성들은 자유롭게 즐길 수 있는 놀이가 많지 않았다. 상황이 이러하니 쌍륙은 실내에서 여성들이 '유희의 욕구'를 해소할 수 있는 역할을 담당했다고 볼 수 있다. 또한 쌍륙판은 사대부가의 여성들에게는 놀이의 장이면서 소통의 장이었다. 이들은 쌍륙판에 모여 앉아 피로도 풀고 못 다한 대화도 나누었을 것이다.

또한 쌍륙은 여성과 남성들이 한 자리에서 놀았던 도박이기도 하였다. 사대부가의 남녀 형제들이 모이면 쌍륙판을 벌였다. 그러기에 이덕무는 『청장관전서』에서 남녀가 둘러앉아서 쌍륙판을 벌이는 일은 음란한 일이라고 비난하였다.

> 여자가 윷놀이를 하고 쌍륙 치기를 하는 것은 뜻을 해치고 의로움을 거칠게 만드는 일로 나쁜 습속이다. 종형제·내외종형제·이종형제의 남녀가 둘러앉아서, 대국을 하고 점수를 계산하면서 소리를 지른다. 말판의 길을 다투고, 손길이 서로 부닥치면서 다섯이니 여섯이니 소리를 질러 대어 그 소리가 주렴 밖에 퍼져 나가게 하는 것은 참으로 음란의 근본이다.[9]

남녀가 쌍륙을 둔다는 입소문이 나서 행실을 의심받는 일도 잦았다. 유교 사회에서 양반가의 남녀가 함께 쌍륙을 두는 일은 용인되기 어려웠다. 『중종실록』에는 다음과 같은 사건이 전해진다. 곤양수昆陽守 이하李河는 사촌 매부인 이종익李宗翼으로부터 간통을 했다는 고발을 당했다. 이하가 그의 사촌누이와 함께 쌍륙을 두고 술을 마시는 일이 목격되었던 것이다.[10]

조선의 국왕도 여성들의 쌍륙판에서 놀다가 신하들로부터 비판을 받기도 하였다. 효종 8년(1657) 송시열이 국왕의 행위를 꼬집는 상소를 올렸다. 효종이 자주 희빈들과 여러 공주들로 하여금 쌍륙을 즐기게 하였기 때문이다. 더구나 내기 값을 걸어서 술과 음식을 푸짐하게 차려놓기까지 했다고 한다. 노론파의 영수 송시열은 효종이 몸소 폐단의 근원을 열고 국운을 기울게 한다며 통렬하게 비판하였다.[11]

조선시대, 대중화된 쌍륙놀이

고대의 쌍륙은 왕이나 귀족계층이 전유하던 놀이였다. 고대의 쌍륙판을 보면 재질과 문양면에서 백성들이

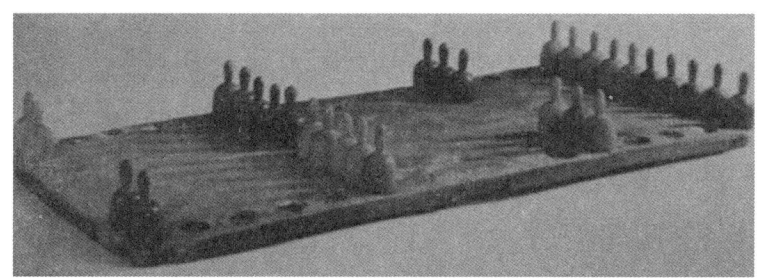

중국 당나라의 쌍륙판.

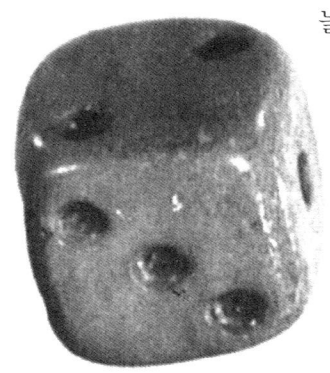

신안군 해저유물에서 발견된 14세기경의 주사위. 침몰선에 타고 있던 선원들의 생활을 엿볼 수 있다.

놀았던 도박도구가 아님을 쉽게 알 수 있다. 쌍륙판은 그야말로 황실에서 볼 수 있는 보물이었다. 중국의 황실 이야기 중에 쌍륙 담화가 자주 전해지는 것도 이런 탓이다. 예를 들면 당나라 현종과 양귀비는 평소 쌍륙을 자주 두었다고 한다. 양귀비는 주사위를 던져서 중사重四(4·4)가 나올 것인가로 현종과 내기를 걸었다. 내기에서 이긴 양귀비는 오위라는 벼슬을 받았다.[12]

황실의 쌍륙놀이가 다소 폭력적으로 변하는 사례도 있다. 중국 북위北魏의 제6대 황제인 효문제孝文帝 재위 기간의 일이다. 오나라 태자가 찾아와서 황실을 알현하였다. 오나라 태자는 황태자를 모시고 음주를 하다가 쌍륙을 놀았다. 그런데 오나라 태자가 쌍륙 말을 다루는 것이 오만불손했는지 그만 황태자가 쌍륙판을 태자에게 집어 던지고 말았다. 쌍륙판을 맞은 오나라 태자는 그 자리에서 숨을 거두었다.[13]

우리나라에서도 조선 전기까지 쌍륙은 귀족층의 놀이였다. 고려 문인 이규보의 시에는 옥으로 만든 판玉局에서 쌍륙놀이를 한다는 구절이 있다. 매우 사치스러운 쌍륙판을 사용했던 것이다. 또한 이성계의 증조부였던 익조翼祖는 여진족들과 쌍륙놀이를 즐겨 했다는 이야기가 전해진다. 이익의 『성호사설』에 이 이야기가 수록되어 있다.

세상에 전하기를, 야인들과 서로 즐길 때 쌍륙희雙六戲를 했는데, 야인이 지극히 중하고 어려운 내기를 요구하였다. 익조는 억지로 이것을 수락했는데 대국의 형세는 서로 적수였다. 끝나려는 순간에 주사위가 익조의 손에 있었다. 순륙純六을 얻으면 이기고 그렇지 못하면 지게 되었다. 속임수로 말하기를, "이 주사위는 가볍게 던질 수 없으니 내일을 기다려 결승하기 바라오" 하였다. 야인도 좋다고 했다. 이날 밤에 따로 두 개의 주사위를 만들었으니 6면이 모두 6점씩이었다. 주사위를 품고 가서 물가에다 판을 놓고, 크게 고함치며 던졌다. 마침내 순륙을 얻자 물 속으로 주사위를 차 넣었다.[14]

크게 낭패한 여진족은 익조를 죽이려고 달려들었다. 순륙은 두 개의 주사위가 모두 6이 나오는 사위이다. 가장 높은 점수이므로 여진족이 내기에 진 것이다. 고려 말기, 타민족과 쌍륙으로 내기를 걸었던 풍속을 보여주는 일화이다.

조선 전기에는 종실들이 내시와 쌍륙을 쳤다는 기록이 있다. 세종 6년(1424) 조정에서는 의산군宜山君 남휘南暉의 행실이 논란이 되었다. 남휘는 내시를 데리고 쌍륙을 치고 칠원부원군漆原府院君 윤자당尹子當의 첩과 간통했다는 스캔들을 일으켰다.[15] 또한 『세종실록』에는 외국의 사신들이 "승상繩床 · 쌍륙雙六 · 죽선竹扇 등의 물품을 요구했다"는 기록도 있다.[16] 조선의 쌍륙 브랜드가 국제적으로 명성을 떨쳤던 모양이다.

상류계층에 국한되었던 쌍륙놀이는 조선 중기를 거치면서 대중화되었다. 쌍륙판은 일상적인 놀이기구가 되었다. 연암 박지원은 편지를 쓰다가 문장이 막히면 쌍륙을 쳤다고 한다. 혼자서 왼손, 오른손을 갑·을 양편으로 삼아 대국을 하였다. 놀이를 하다가 구상이 떠오르면 다시 붓을 들었다.[17]

쌍륙의 행마요령

도박 중에서 쌍륙은 가장 많은 이칭을 갖고 있다. 악삭握槊, 쌍륙雙陸, 장행長行, 파라새희波羅塞戱, 박륙博陸, 십이기十二其, 육채六采 등 각종 문헌에서 다양한 이름을 확인할 수 있다. 송나라 홍준洪遵이 편찬한『쌍륙보雙六譜』에도 수많은 이름이 보인다. 북쌍륙北雙六, 광주쌍륙廣州雙六, 대식쌍륙大食雙六, 평쌍륙平雙六, 타간쌍륙打間雙六, 칠량쌍륙七梁雙六, 불타쌍륙不打雙六, 불쌍륙佛雙六, 삼퇴쌍륙三堆雙六, 남피쌍륙南皮雙六, 일본쌍륙日本雙六, 삼양쌍륙三梁雙六.[18] 쌍륙은 전 세계로 퍼지면서 이름도 다양해지고 놀이방식에도 약간씩 차이가 생겼다.

쌍륙은 주사위 두 개를 던진 뒤에 나온 수만큼 말을 움직이는 놀이다. 쌍륙이란 명칭은 주사위 두 개를 던져서 6·6 사

쌍륙에 흥취한 일본귀족(일본 회화 중 부분 그림. 일본 국립역사민속박물관 소장).

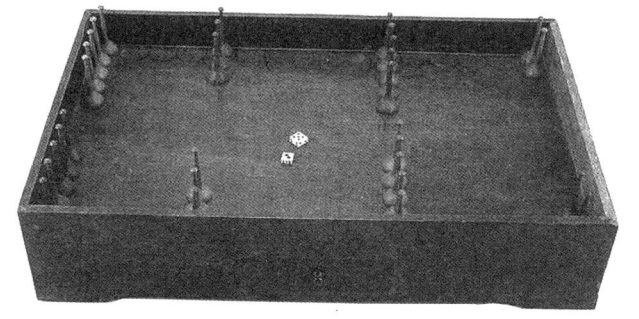

조선시대의 쌍륙판(국립민속박물관 소장).

위가 나오면 이긴다는 데서 연유했다고 한다. 판의 양 변이 안육·바깥육 등 좌우 6칸으로 나누어져 있기 때문이라는 설도 전해진다. 이수광은 『지봉유설』에서 쌍륙이 "중국의 조자건曹子建이 만든 것이 아니라 본래 서역西域에서 나와 중국으로 흘러 들어왔다"고 하였다. 이규경은 『오주연문장전산고』에서 쌍륙이 "서축西竺에서 시작하여 조위시대에 중국으로 전해졌으며, 양·진·위·제·수·당 시대까지 유행하였다"고 하였다. 종합하여보면, 쌍륙은 아시아 서남부 지역에서 시작되어 서쪽으로는 유럽의 전역으로, 동쪽으로는 중국·우리나라·일본에까지 전파된 것으로 보인다.[19]

대전시 민속자료 2호로 지정된 송용억 가옥 宋容億 家屋. 이곳은 의금부도사를 지냈던 소대헌(1682~1764)과 유명한 여류문인이었던 그의 부인 호연재가 살았던 곳이다. 양반 가옥의 특징을 잘 보여주는 이 문화재에는 각종 놀이기구도 잘 보존되어 있다. 이곳에 보관된 쌍륙판과 32개의 말은 양반가의 일상적인 놀이문화를 대변해주고 있다.[20] 조선의 쌍륙판은 제작이

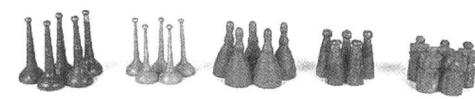

각종 쌍륙말.

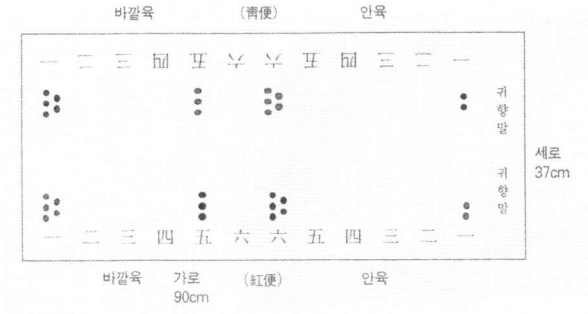

쌍륙말 배치도.

쉽도록 대중화되었다. 고대의 화려한 쌍륙판과 달리 직사각형의 목제판으로 가로 70~80cm, 세로는 40cm내외이다. 쌍륙판 안에는 검은선으로 밭이라 부르는 구획을 그려 놓았다. 양변에 6개의 밭이 좌우에 그려져 있고 가운데는 주사위를 던질 수 있는 칸이 있다.[21]

우리나라에서 쌍륙 치는 방식은 대략 다음과 같다. 15개의 말을 먼저 밭에다가 일정하게 배치한다. 이때는 말을 자신 쪽뿐만 아니라 상대편 쪽에도 배치한다. 자기편과 상대편의 말이 서로 엉키게 두는 것이다. 상대편 진영에 깊숙이 배치된 말을 '귀향말'이라고 한다. 다음에는 2개의 주사위를 던져서 나온 숫자만큼 말을 움직인다. 말은 자신의 안육 쪽으로 이동시킨다. 자신의 말을 안육의 모든 칸에 넣게 되면 이긴다. 안육의 6칸에 최소한 한 개 이상을 채워야 하는 것이다. 이를 '집 짓는다'라고 한다. 진행과정에서 상대편의 말을 잡을 수도 있다. 이것을 '때린다'로 표현하기도 한다. 밖으로 나간 말은 주사위를 던져 다시 들어올 수 있다. 자신의 말이 빨리 가는 것도 중요하지만 상대편의 말을 적절히 견제할 수 있는 기술도 필요하다.[22]

김시습의 『매월당집』에는 "육이야, 외치는 소리에 달게 자던 낮잠에서 깨어났다"는 글이 있다 쌍륙 주사위를 굴리면서 원하는 사위의 이름을 크게 불렀던 것이다. 이것은 쌍륙을 치는 재미 중의 하나였다. 아래는 주사위 2개를 던져서 나온 사위를 부르는 호칭이다.

(1,1) 중일重一 (2,2) 중아重亞 (3,3) 주삼朱三 (4,4) 주사朱四 (5,5) 중오重五 (6,6) 중육重六 · 육육 · 줄륙

(1,2) 백아白亞 (1,3) 백삼白三 (1,4) 백사白四 (1,5) 백오白五 (1,6) 백육白六

(2,3) 아삼亞三 (2,4) 아사亞四 (2,5) 아오亞五 (2,6) 아육亞六

(3,4) 삼사三四 (3,5) 삼오三五 (3,6) 삼육三六

(4,5) 사오四五 (4,6) 사육四六

(5,6) 오륙五六

문소전文昭殿에서 불낸 석시石屎 사건의 전말

조선시대 궁궐 안에서도 쌍륙판이 자주 벌어졌다. 최고 권력의 상징공간이었던 궁궐도 예외는 아니었던 것이다. 궁궐 안에서 벌어진 희대의 쌍륙 사건은 성종 21년(1490)에 일어났다. 문소전의 수복守僕[23]으로 일하는 석시 등이 쌍륙을 하다가 불을 낸 것이다. 이 도박꾼들은 술내기로 쌍륙을 하다가 무엇인가

못마땅했는지 서로 다투었다. 다투는 와중에 화로를 차버렸고 그만 돗자리에 불이 나고 말았다.[24] 문소전이란 어떤 곳인가. 태조와 태종, 왕비의 위패를 모신 사당이다. 건국 초 왕실의 입장에서 문소전은 매우 상징적인 공간이었다. 그래서 왕조의 종친 가운데 덕망 있는 자를 선별하여 돌아가면서 당직을 서게 할 정도였다. 그러한 곳에서 제사를 돌보는 종이 도박판을 벌이다가 불을 내다니……. 조선 왕조의 역사 가운데에도 전대미문의 사건이 아닐 수 없다.

조정에서는 당연히 큰 파장이 일었다. 그런데 웬일인지 중간에서 이 사건을 은폐하려고 개입하는 자들이 생겨나면서 사건은 더욱 커졌다. 당일 당직관으로 입번入番한 종친 안강정安康正은 이 사건을 바로 조정에 보고하려고 했으나 옥산군玉山君 이제李躋라는 종친이 이를 막았던 것이다. 옥산군 이제는 자신의 아들인 이읍李揖까지 안강정에게 보내 이 사건을 은폐해달라고 청탁하였다. 그러나 내시인 김현손金賢孫이 이 사건을 조정에 보고하였고, 석시와 안강정, 이제, 이읍까지 모두 국문을 당하게 되었다.

대사헌大司憲 유순柳洵(1441~1517)은 석시와 이제를 국법에 따라 엄히 징계할 것을 요청하였다. 그러나 성종은 이를 받아들이지 않았다.[25] 성종은 이제가 선왕先王의 친손자임을 감안하여 파직시키는 선에서 일을 마무리하였다. 따라서 이제가 석시의 발화사건을 중간에서 왜 은폐하려 했는지는 정확히 밝혀지지 않았다. 고위관직에 있던 종친이 일개 종의 도박사건을 왜 적극적으로 덮으려 했던 것일까? 매우 의문스러운 일이 아닐 수 없다.

옥산군 이제는 문소전에서 벌어졌던 쌍륙판과 깊이 관련되었다고 짐작된다. 조선시대에 종친과 종들이 상호 도박을 벌이는 예들은 종종 있는 일이었다. 연산군 3년(1497) 종친부가 왕에게 아뢴 기록을 보자.

종친부 건물(서울시 유형문화재 제9호). 종친부는 왕가의 족친(族親) 관계의 일을 맡아보던 관청이다.

종부시宗簿寺가 아뢰기를, "도박은 국법이 금하는 것인데 완성수莞城守 이귀정李貴丁과 두원부정荳原副正 이총李總이 재물을 많이 가지고 내섬시內贍寺의 종과 도박을 하였으니 법으로 보아 논죄하여야 하겠습니다. 또 귀정은 복服중에 있으니 더욱 행검이 없습니다."[26]

종부시는 조선 왕실의 계보인 선원보첩璿源譜牒을 기록할 뿐만 아니라 종친의 잘못을 조사하는 임무를 맡은 기관이다. 이귀정과 이총이 내섬시의 종들과 도박을 한 일이 종부시에 발각된 것이다.[27] 이귀정은 정종定宗의 증손이며 이총은 태종太宗의 증손으로 모두 조선 전기의 왕족이었다. 종친과 종이 단합한 도박 사건은 연산군 8년(1502)에도 일어났다. 내수사內需司의 종인 산동山同이란 자가 종친들과 결탁하여 도박을 벌이고, 대궐 안의 물건을 도둑질한 것이다. 연산군은 산동에게 장 1백 대를 치고 온 가족을 변방으로 옮기라고 지시하였다.[28]

엄격한 신분사회에서 종친과 종들이 결탁하여 도박을 하다니…… 믿기 어려운 사실이다. 그러나 도박의 특징을 떠올려보자. 교수, 의사, 고위 공무원 등 현대의 지도층이라 부르는 이들도 도박죄로 입건되는 일들이 비일비재하다. 조선시대도 마찬가지였다. 신분이 종친일 뿐 그들도 도박의 유혹에 빠지기는 마찬가지였다. 종친들도 도박 앞에서는 자신의 신분과 경제상태를 망각했던 것이다. 오히려 종친들은 최고위층이라는 신분을 이용할 수 있으므로 도박판을 벌이기가 더 수월했다.[29] 안면이 있던 종과 종친들은 자연스레 도박판을 벌였을 것이다. 자주 도박판이 벌어질수록 판돈도 커지고, 병폐도 그만큼 커졌을 것이다. 문소전의 수복인 석시의 쌍륙 사건도 이러한 배경 속에서 나오지 않았을까.

도박에 대한 이율배반, 양반들

연암燕巖 박지원朴趾源의 『양반전』은 조선 후기 양반의 실태를 가장 잘 드러내고 있다. 『양반전』에 등장하는 군수가 〈양반 매매증서〉에서 강조한 언행규범은 이렇다. "손에 돈을 만지지 말고, 쌀값을 묻지 말고, 더워도 버선을 벗지 말고, 밥을 먹을 때 맨상투로 밥상에 앉지 말고, 국을 먼저 훌쩍훌쩍 떠먹지 말고, 무엇을 후루루 마시지 말고, 젓가락으로 방아를 찧지 말고,…(중략)…추워도 화로에 불을 쬐지 말고, 말할 때 이 사이로 침을 흘리지 말고, 소 잡는 일을 말고, 돈을 가지고 노름을 말 것이다." 돈으로 양반을

사려 했던 부자는 이 증서를 보고 나서 평생 양반이란 말을 입에 올리지 않았다고 한다. 평민이었던 부자의 마음이 이해가 간다. 명리만을 좇는 양반, 겉치레와 형식만을 따지는 양반, 그들은 관념과 현실 속에서 이중적 태도를 지니고 있다. 봉건적 질서가 해체되는 조선 후기에는 더욱 도드라졌던 그들의 모순. 연암의 『양반전』을 읽다 보면 도박을 대하는 양반의 이중적인 모습이 떠오른다.

조선시대의 사대부 가운데 도박꾼들이 적지 않았다. 그러나 그들은 도박에 대해서는 이율배반의 입장을 취하였다. 성리학을 이념으로 하는 그들은 도박이 인간의 심성을 그르칠 것으로 보았다. 술자리에서 기생들과 도박을 하면서도 도박에 대한 부정적인 입장은 변하지 않았다. 그런데 엄격한 인식만큼 양반들이 현실의 규율도 잘 지켜나갔을까? 그렇지 않았다. 양반들의 도박 병폐는 일반 백성들과 큰 차이가 없었다. 사대부들은 사적인 자리뿐만 아니라 공무를 집행하는 자리에서도 도박판을 벌였다. 『목민심서』에서는 관아의 수장들이 아전들과 도박을 하는 행위를 비판하고 있다. 정약용은 다음과 같이 일갈하였다. "지금 관장들 중에는 정당政黨에 앉아서 아전 책방들과 투전·골패를 하면서도 태연하게 부끄러워할 줄을 모르는 자가 있다. 장차 무엇을 가지고 백성에게 간사한 짓을 하지 말라고 금할 것인

혜원 신윤복의 「청금상련聽琴賞蓮」. 조선 후기 양반 풍류의 진면모를 보여주고 있다.

가?"³⁰⁾ 당대 목민관들이 관아에서 도박행위를 벌이는 일이 심심치 않게 있었던 모양이다.

지방관뿐만이 아니었다. 왕의 최측근 기관이었던 비서기관과 자문기관에서도 도박판이 벌어졌다. 다산은 같은 책에서 "재상·명사들이 승정원과 홍문관에서 도박으로 소일하니 다른 데야 더 일러 무엇 하랴. 목동들의 놀이가 조정으로 밀려 올라왔으니 역시 한심한 일이다."라고 한탄하였다. 승정원과 홍문관의 관리들도 '킬링 타임'용으로 도박을 한 것이다. 아마도 중앙관청인 육조에서도 도박판이 벌어지지 않았을까?

하급관리들과 사대부의 자제들이 도박당賭博黨을 만드는 일까지 있었다. 이 도박당은 결국 도당盜黨으로 추락하기도 하였다. 도박 빚이 쌓이니 도둑질을 한 것이다. 중종中宗 때 사역원司譯院의 참봉參奉인 손효달孫孝達이란 인물은 박오걸朴五傑과 함께 도박당을 결성했다. 이 도박당은 전문적인 도박꾼들의 모임이다. 이들은 의원과 기녀들을 불러들여 재물을 걸고 도박을 하였다. 이 도박당의 일원 중에는 노름빚이 크게 늘어 도둑질을 하는 자들까지 생겨났다.³¹⁾ 도박당의 도적질이 늘어나자 야간 순행이 필요하다는 주장이 제기되기도 하였다. 중종 38년(1543) 형조판서와 포도대장은 15집을 한 통統으로 묶어서 야간 순찰을 돌게 하자고 왕에게 상소하였다. 그들이 왕에게 올린 단자에는 다음과 같은 이유가 적혀 있다.

도적은 빈궁한 데서 발생하는 것만이 아닙니다. 혹 사족士族의 자제와 서얼의 무뢰한들이 도박을 업으로 삼고 음탕한 여인들과 날마다 놀아나면서, 처음에는 부모의 재산을 도둑질하여 그 비용으로 쓰다가 이 짓을 계속하다 보면 도적질로 방법을 바꾸어 마침내 도당盜黨을 조성하는 경우도 없지 않습니다.[32]

도박당의 무리들이 한성부의 어두운 밤거리를 헤매고 있던 것이다. 그들이 명망 높은 사대부가의 자식들인 줄을 꿈에야 생각했겠는가? 도박의 병폐는 계층을 구분하지 않고 찾아든다. 지배층이라도 노름빚에 찌들면 결국 이를 만회하고자 남의 돈을 탐내게 된다. '도적은 빈궁한 데서 발생하는 것이 아니다'라는 위의 글은 시대를 뛰어넘어 유념해야 될 경구가 아니던가!

'투전의 국수'라 불리던 원인손에 얽힌 일화는 장안의 화제였다. 아버지 원경하는 명문가의 자식인 인손이 투전에 빠져 방탕한 생활을 이어가자 크게 진노했다. 하루는 아들의 재주가 어느 정도인가를 시험해보고자 하였다. 인장人將을 몰래 감추고 나머지 투전패를 쥔 채 인장을 뽑지 못하면 심하게 매질하겠다고 호통을 쳤다. 인손이 이리저리 패를 만져보더니 하는 말이 "이 속에는 인장이 없습니다"라고 말했다. 원경하는 탄식했다. "어쩔수 없구나. 이놈이 어릴 때부터 노름하는 시늉을 하더니 완전히 통달해버렸구나, 이제는 마음대로 해라."

六장 조선 후기의 투전, 도박의 전성시대를 열다 ― 도박과 투전

소설 속의 투전꾼 캐릭터

1930년대 단편소설의 명작인 이효석의 「메밀꽃 필 무렵」을 보자. 이효석은 봉평장으로 넘어가는 메밀꽃 핀 밤길 여정을 이렇게 이야기하고 있다.

거친 나귀가 한바탕 우렁차게 울면 … 허생원은 변치 않고 언제 든지 가슴이 뛰놀았다. 젊은 시절에는 알뜰하게 벌어 돈푼이나 모아본 적도 있기는 있었으나, 읍내에 백중이 열린 해 호탕스럽게 놀고 투전을 하여 사흘 동안에 다 털어버렸다. 나귀까지 팔게 된 판이었으나 애끓는 정분에 그것만은 이를 물고 단념하였다. 결국 도로 아미타불로 장돌이를 다시 시작할 수밖에 없었다.

김득신金得臣의 「투전도」.

이 소설은 사랑과 추억, 인연의 관계 속에서 늙은 장돌뱅이의 애환을 보여주고 있다. 장돌뱅이들은 각 시장을 돌아다니는 행상이다. 그런데 장사는 대충 하고 시장의 노름방에서 투전을 하는 일이 많았다. 주인공인 허생원 역시 젊었을 적에 투전판에서 크게 돈을 날린 적이 있다. 그 놈의 투전 탓에 늙어서도 장돌뱅이 신세를 이어갈 수밖에 없었다.

이번에는 1925년의 단편소설 나도향의 「뽕」을 살펴보자. 이 소설의 여주인공인 안협집은 여러 외간남자와 관계를 맺는 헤픈 인물이다. 안협집의 남편인 김삼보가 바로 투전꾼이다. 동리에서 '땅딸보', '아편쟁이', '오리궁둥이'로 불리기도 하지만, 김삼보의 진정한 별명은 바로 '노름꾼'이다. 그는 전국을 순회하는 이른바 '전문투전꾼'이다. 집에 붙어 있는 날이 거의 없을 정도로 이틀이 멀다하고 강원도, 황해도, 평안도 접경을 넘나든다. 전국적인 골패 투전판을 방랑하는 것이다. 마누라의 외도에도 아랑곳하지 않고, 오히려 외도를 통해 아내가 챙겨주는 노름 밑천을 고마워한다. 노름길을 떠나는 김삼보는 이렇게 말한다. "허허, 실상 지금 세상에는 섣부른 불알보다는 계집편이 훨씬 낳느니라." 가난한 식민지 농촌사회에서 몰락해 가는 투전꾼의 모습이 사실주의의 관점에서 그려져 있다.

이미 신소설에서부터 투전은 빼놓을 수 없는 소재였다. 민중들의 생활을 묘사하는 데 투전이 제격이었던 것이다. 또한 '투전꾼 캐릭터'는 소설의 음지를 장식하며 줄거리를 재미있게 해주었다. 투전으로 인한 갈등과 싸움, 패가망신 등은 민중들의 질펀한 삶을 흥미롭게 전개시켜 주었다. 그러나 민중생활사의 입장에서 보면 투전은 단순한 활력소나 재미있는 소재만이 아니라, 당대 민중들의 생활사를 방증해주는 중요한 자료이다. 바야흐로 조선 후기부터 근대까지 우리나라는 '투전의 전성시대'를 보냈다. 그럼 '소설 속의 투전꾼'이 아닌 '역사 속의 투전꾼'을 찾아서 시간여행을 떠나보자.

> 1911년 이해조李海朝(1869~1927)가 발표한 「모란병牡丹屏」에도 투전꾼 '변선달'이 등장한다. 이 소설은 금선이라는 여성이 우여곡절을 겪다가 미국에서 신학문을 배워온다는 내용이다. 소설의 주제는 봉건사회 문제점 고발, 여권의 존중, 신교육의 의지 등을 초점으로 하고 있다. 금선을 위기에 몰게 하는 자가 바로 노름꾼 '변선달'이다. 낫 놓고 기역자도 모르는 무식한 변선달이지만 여러 가지 포부가 있으니 첫째가 거짓말 잘하는 포부, 둘째가 잡기 잘하는 포부요, 셋째가 인물 거간居間하는 포부이다. 그는 투전·골패로 돈냥 있는 어수룩한 사람을 틈틈이 유인했다가 하룻밤 동안에 거덜을 내는 인물이다. 노름꾼이자 인신매매의 대가인 변선달은 가정이 어려움에 처한 금선을 술집에 팔아 넘긴다. 줄거리의 급속한 반전을 투전꾼이 맡고 있다.

잡기의 피해는
투전이 특히 심합니다

투전은 조선 후기에 널리 퍼졌던 도박이다. 돈을 건 뒤 패를 뽑아가며 승부를 겨루는 놀이이다. 승부가 쉽사리 결정되므로 금전 또한 쉽게 오갔다. 서울에서 시작된 투전은 전국적으로 퍼져 투전꾼이 전국으로 퍼지게 되었다.[1] 조선 후기에 투전은 재산을 탕진하는 요소였고, 투전꾼은 가문과 친족들의 근심거리였다. 정약용은 도박놀이 중에서 투전을 가장 큰 폐단으로 보았다.

여러 가지 내기놀이 중에서 심보가 나빠지고 재산을 탕진하며 가문과 친족들의 근심이 되게 하는 것은 투전이 첫째가 되고, 쌍륙·골패가 그 다음이다. 아전이 관전을 축내고, 장교가 장물죄를 범하는 것도 대부분 여기에서 오는 것이다.[2]

기산 김준근의 투전 풍속화.

『정조실록』에도 투전의 문제점이 실려 있다. 정조 15년(1791) 9월에 사직司直 신기경愼基慶은 여러 가지 시무책을 상소하는데 여기서 투전의 폐해를 지적한다. 민중들부터 사대부의 자제에 이르기까지 신분을 가리지 않고 투전꾼이 되었다는 것이다. 이들은 집과 토지, 재산을 팔았고 끝내는 도적 무리가 되기도 하였다.

> 잡기의 피해는 투전投錢이 특히 심합니다. 위로는 사대부의 자제들로부터 아래로는 항간의 서민들까지 집과 토지를 팔고 재산을 털어 바치며 끝내는 몸가짐이 바르지 못하게 되고 도적 마음이 점차 자라게 됩니다. 삼가 바라건대 경외에 빨리 분명한 분부를 내리시어, 한 명의 백성이라도 감히 금법을 어기고 죄에 빠지는 일이 없게 하시고, 투전을 만들어 팔아 이익을 취하는 자도 역시 엄히 금지하게 하소서.[3)]

투전꾼이 늘어나자 투전에 대한 수요도 덩달아 늘어났고, 이에 투전 제작을 전문적으로 하는 자들도 생겨난 것이다. 정조는 이 상소문을 보고, "사대부들까지 모두 투전에 빠져 있다고 하니 수치스러운 일"이라고 말했다. 또한 "그들의 집안에는 부형父兄이 있을 텐데 그 부형들이 자제들을 막지 않고 있다"

성협의 「투전도」.

6장 | 조선 후기의 투전, 도박의 전성시대를 열다-도박과 투전

고 한탄하였다. 그러나 집안의 부형이라도 투전꾼의 앞길을 막을 수는 없었다. 투전에 골몰하면 부형이 무섭지 않았고 투전판에서는 절친한 친구도 몰라보았다.

투전은 개인뿐만 아니라 집안 전체가 망하는 소위 패가망신의 지름길이었다. 투전에 빠진 자들은 빚더미에 올라앉아 집안의 살림을 거덜내는 일도 적지 않았다. 정약용은 『목민심서』에서 "갑자기 부채가 많은 자는 그 사실을 조사하여 만약 투전으로 인하여 생긴 것이라면 많이 딴 자를 잡아다가 본 액수대로 받아서 그 부채를 충당해준다"고 하였다.[4] 투전판에서 빚을 진 백성들이 얼마나 많았는지 알 수 있다.

윤기尹愭라는 인물은 패가망신하는 몇 가지 일을 가금家禁으로 남겼는데, 이 글은 투전빚이 얼마나 무섭게 노름꾼들을 옥죄고 있었는지를 잘 보여주고 있다.

> 그 폐해는 반드시 도적이 되고 난 이후에야 끝낼 것이다. 대개 공적·사적 빚을 갚지 않는 자는 욕설과 재촉을 받기도 하며, 옥에 갇히거나 매를 맞는 지경에 이르러서도 오히려 참고 지낼 수 있다. 그러나 투전빚은 갚지 않을 수 없다. 혹 갚지 못하는 자가 있다면 입은 옷을 벗어야 하고, 또 부족하다면 사람을 속여서 빚을 내야 한다. 또한 부족하다면 집안을 속이거나 집안의 물건을 훔쳐야 한다. 그래도 부족하다면 남의 집을 터는 범죄를 하게 된다. 이것이 반드시 도적이 되는 이유인 것이다.[5]

윤기는 다른 빚은 못 갚아도 투전빚은 반드시 갚게 된다고 경고하고 있다. 요컨대 투전에 빠진 자들은 투전판을 절대 떠날 수 없기 때문에 자의든 타의든 어떤 방식으로 투전빚을 갚으려 한다는 것이다. 투전꾼의 의식 속에서는 노름빚을 되찾을 수 있다는 도박심리가 작용하기 때문에 무모한 행동을 서슴지 않는다. 또한 윤기는 소위 투전이라는 것이 최고로 패가망신하는 도박이라고 보았다. 위로는 부유한 집안에서 아래로는 천한 머슴에 이르기까지 투전에 탐혹하고 있다고 비판하였다. 심지어 의정부에서 정책을 논하는 자들과 경연經筵[6]에 출입하는 자들까지도 투전을 하고 있다고 하였다.

18세기 투전의 국수國手 원인손元仁孫

　투전판의 판돈이 어마어마함을 예측해주는 한시가 있다. 바로 강이천姜彝天(1769~1801)의 「한경사漢京詞」이다. 한경사는 도시문화가 번성한 서울의 세태를 총 106수로 담아낸 연작시이다.[7] 이런 시에서 도박풍속이 빠질 리가 있겠는가.

종이조각 길게 잘라 꽃무늬 그려 넣었는데	紙板長裁花樣翻
병풍친 장막에서 아침, 저녁으로 빠져드네	深圍屛幕沒朝昏
여러번 내기 벌여 고수가 되니	賭來多局成高手
천금을 다 잃어도 말 한마디 없구나	擲盡千金無一言

1구는 투전패의 형태를 묘사하였다. 2구에서는 이 투전판이 전문적인 도박판임을 알려준다. 4구에서는 '천금을 잃어도 말 한마디 없구나'라고 한탄하고 있다. 직업적인 투전판에서는 무진장의 노름돈이 오고갔음을 알 수 있다. '말 한마디 없구나'는 천금을 잃어도 별로 개의치 않는다는 것이다. 당시 전문 도박당들의 행태를 일깨워준다.

　부유한 집안의 자녀들이 투전에 손을 대다가 가산 전체를 탕진하는 일이 많았다. 『이춘풍전李春風傳』의 주인공 춘풍은 이러한 현실 속의 인물이 문학으로 형상화된 것이다. 춘풍의 부모는 장안의 거부巨富였다. 부잣집 외아들로 태어난 춘풍이 한 일은 골패·쌍륙·수투전·동동이·엿방망이와 같은 온갖 잡기였다. 그의 재산은 '결국 티끌같이 없어지고 진토塵土같이 다 마르게' 되었다.[8] 「우부가愚夫歌」의 주인공 역시 마찬가지이다. 부모 잘 만나 호의호식하던 한량이 하는 짓이란 '이리 모여 노름놀기 저리모여 투전질'이었다. 그의 마지막 행색은 저녁도 못 먹은 채 투전방으로 나가는 일이었다.[9]

　하지만 투전꾼들은 언제나 의기양양하다. 잡기를 만류하는 부인에게 춘풍은 "자골전 일손이는 주색잡기 하였어도 나중에 잘 되어서 일품一品벼슬 하였으니, ……나도 이리 노닐다가 일품벼슬하고 이름을 후세에 전하리라" 말하며, 오히려 당당하다. 춘풍이 말하는 일손이란 18세기 투전의 국수國手 원인손(1721~1774)을 말하는 듯싶다. 원인손은 예조판서 원경하元景夏의 아들로, 소시 적에 투전의 국수라고 불릴 만큼 투전에 빠졌지만 이후에는 우의정까지 지낸 위인이 되었다. 인간 승리의 모범으로서 투전꾼들이 추앙하는 인물이 될 만하지 않은가.

　원인손에 얽힌 일화는 장안의 화제였다. 아버지 원경하는 명문가의 자식인 인손이 매일 투전에 빠져 방탕한 생활을 이어가자 크게 진노하였다. 하루는 아들의 재주가 어느 정도인가를 시험해보고자 하였다. 투전패 중 인장人將을 몰래 감추고 나머지 투전패만을 쥔 채 그 중에서 인장을 뽑지 못하면 심하게 매질하겠다고 호통을 쳤다. 인손이 이리저리 패를 만져보더니 하는 말이 "이 속에는 인장이 없습니다"라고 말하는 것이었다. 원경하는 탄식하면서 "어쩔 수 없구나. 이놈이 어릴 때부터 노름하는 시늉을 하더니 완전히 통달해버렸구나, 이제는 마음대로 하라."라고 말했다고 한다.[10]

　원인손과 같이 투전에 빠졌던 인물이 심기일전하는 경우는 매우 드문 일이다. 투전에 빠진 대부분의 젊은이들은 패가망신의 길로 들어섰다. 투전의 유혹은 달콤했지만 뒤끝은 천길 낭떠러지처럼 아득한 것이었다.

오락적 수투전과
도박적 투전

　　　　　　　　투전은 조선시대 문헌에서 투전鬪錢, 투전鬪牋, 투전投箋 등으로 기록하였다. 중국에서는 투패鬪牌, 투엽鬪葉이라고 하였다. 조지훈은 투投는 한 장씩 장판 위에 빼서 던지는 것을 의미하며, 전牋·전箋은 용구의 형태가 지편紙片임을 뜻한다고 하였다.[11] 투전은 두꺼운 종이에 기름을 먹여 만들었으므로 지패紙牌라고

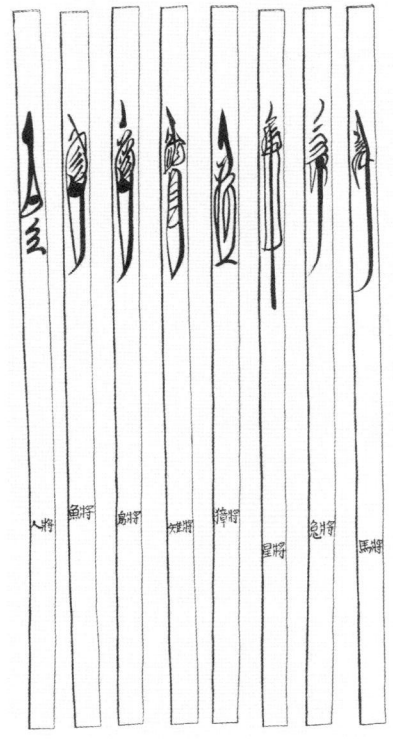

수투전패. 인人, 어魚, 조鳥 등 8목으로 나누어져 있다.

부르기도 한다. 길이는 10~20cm 사이이며 너비는 손가락만하다. 한 면에 문양 및 문자를 적어서 끗수를 표시했다. 40장, 50장, 60장, 80장이 한 벌이 된다. 일반적으로 40장 한 벌을 많이 사용한다.[12]

투전은 크게 투전과 수투전數鬪牋 두 종류로 구분할 수 있다. 조선 후기의 각종 문헌에서는 수투전을 따로 구별하지 않고 투전이라고 부르는 일이 많았다. 조지훈은 「수투전고」라는 논문에서 "수투전은 서민층의 성인남자들이 도박으로 많이 하는 '짓고땡이 투전'과 구별하기 위해서 '수數' 한 자를 더 얹은 것이 아닐까" 하고 추론하면서, 수투전과 투전은 성격상 차이점이 있다고 하였다.

이번에는 최남선의 견해를 들어보자. 최남선은 "수투전은 문아한 인사들의 놀이로서 우열승부를 가리는 오락이다. 하지만 투전은 대중들 사이에서 도박을 본위로 하여 사용하는 것이다. 투전은 대개 수투전의 오락적 기능을 누르고 도박성의 방면을 확대하여 만든 것이다."고 하였다. 즉 수투전은 사대부층의 놀이로, 투전은 백성들의 도박으로 주로 사용되었다는 것이다.

생각건대 명나라의 마조패(보통 120장)가 그대로 일부에 행해지다가 장씨(장현)에 이르러 그것을 간화(간소화)하여 8목(종) 80장의 도구가 되고 이것이 다시 간화하여 6목, 5목이 되다가 마침내 목도 없이 점수만 표시하는 현재의 40장 투전을 만들어낸 것이 그 연혁인 양하다. 시방 와서 얼마큼 '인텔리'성인 수투전數鬪牋이 거의 일반인에게 폐기를 당하고 기호적 투전이 도박판에서 독주하고 있음은 결국 대중성의 승리로 볼 것이다.[13]

최남선은 위 글에서 수투전이 점차 사라진 원인에 대해서 설명하고 있다. 투전의 도박성이 수투전의 오락성을 이기고 독주하게 되었다는 것이다. 실제로 1970년대까지 투전놀이를 흔히 볼 수 있었지만 수투전 놀이는 찾아보기 어려웠다.[14]

원인손의 부친인 원경하가 몰래 감춘 인장패가 바로 수투전패의 일종이다. 수투전은 인人, 어魚, 조鳥, 치雉, 성星, 마馬, 장獐, 토兎 등 8목으로 나뉘어져 있다. 목目이란 쉽게 말하자면 서양식 카드의 스페이드(♠), 하트(♥), 다이아몬드(◆), 클럽(♣) 등 카드 패를 일정한 종별로 구분한 것이다. 각 목은 1·2·3·4·5·6·7·8·9·將이 표시된 10패씩으로 짜여져 있다. 따라서 총 8목 80패가 되는 것이다. 그래서 수투전을 팔목八目, 팔대가八大家로 칭하기도 하였다. 수투전은 네 사람이 각각 20장의 패를 가진 다음에 놀이를 진행한다. 판꾼들은 20장씩을 부

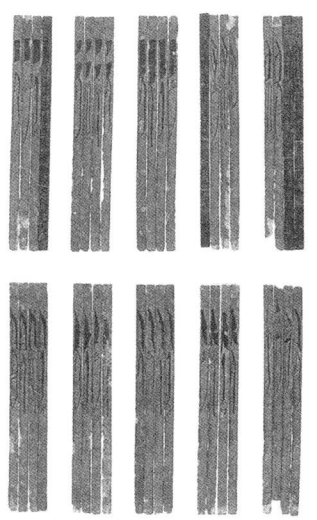

투전패(팬아시아종이박물관 소장).

투전패에 그려진
각종 문양 1.

챗살처럼 편 다음 한 장씩 빼서 던진다. 제일 점수가 높은 패를 낸 사람이 나머지 석 장을 먹는다. 4명이 1조로 벌이는 한 번의 게임을 '수'라고 하는데, 총 20수의 게임을 하여 제일 많은 수를 먹은 사람이 이긴다.[15]

수투전에 비하여 투전의 놀이 방법은 간단하다. 투전놀이는 대부분 끗수를 맞추어 높은 자가 이기는 것으로 어린이들도 배우기가 쉬웠다. 투전의 대표적인 놀이인 짓고땡이를 보자. 짓고땡이는 '갑오잡기, 돌려태기'라 하며, 지방에 따라서 '짓구땅 · 짓구땅이 · 땅이 · 도래태기 · 땅달구' 등으로 부르기도 한다. 짓고땡이는 선수先手가 아기패(판꾼)에게 각각 패 5장을 돌리고, 각 꾼들은 3장으로서 10 · 20 · 30의 끗수를 지은 다음 나머지 2장으로 우열승부를 겨루는 놀이이다.[16] 끗수가 같은 '땡이' 즉 장땡(10 · 10), 9땡(9 · 9), 8땡(8 · 8) 등이 높은 순위가 된다. 땡이가 없을 때에는 두 장을 합친 끗수가 높은 자가 이긴다. 즉 가보(9끗) – 덜머리(8끗) –고 비(7끗) – 서시(6끗) – 진주(5끗)–새(4끗) – 심(3끗) – 두비(2끗) – 따라지(1끗)의 순이다.[17] 이외에도 같은 끗수 세 짝을 맞추는 '동동이', 세사람이 한 조로 15 끗수 잡기를 하는 '가구', '우등뽑기(일명 단장대기)' 등의 놀이가 있다.

 투전패는 수투전의 인, 어, 조, 치 등과 같은 목의 구분이 없다. 그냥 1·2·3·4·5·6·7·8·9·10將의 패가 각각 4패씩 총 40패로 이루어져 있다. 다만 숫자가 씌어 있는 것이 아니라 숫자를 상징하는 문양이 있다. 화투에서 흑싸리가 4, 난초가 5, 목단이 6을 상징하는 것과 마찬가지이다.

투전에 그려진 문자는 만주글자일까?

투전은 조선 후기에 중국에서 들여온 것으로 추정된다. 조선 후기 실학자 이규경은 『오주연문장전산고』에서 투전이 중국 원나라에서 시작되었으며, 조선에서는 숙종 때 역관譯官 장현張炫이 이를 모방하여 만들었다고 적었다.[18] 장현은 장희빈의 부친인 장형張炯의 사촌 아우이다. 장현은 역관의 우두머리였다. 그는 온 나라에 부자로 소문이 났으며, 숭록대부(종 1품)까지 품계가 올랐다.[19] 조선의 역관들은 외교채널의 역할 외에도 외래문화 수입의 통로를 담당하였다. 늘 중국과 왕래하며 외제품을 많이 들여왔으므로 도박기구들도 역관을 통해서 유입되었을 가능성이 높다.

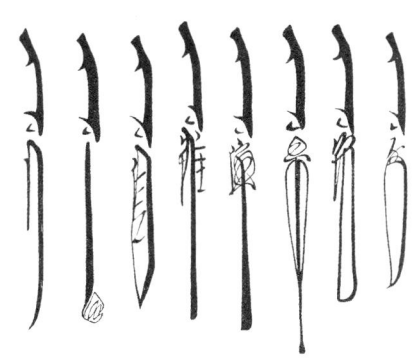

투전패에 그려진 각종 문양 2.

투전의 원조로 마조희馬弔戱라는 지패놀이가 거론된다. 최남선은 중국의 마조馬弔가 임진왜란시 명나라 군사를 통하여 전해졌을 가능성을 제기하였다.[20] 그래서 명나라의 마조패가 점차 간소화된 것이 투전이라는 것이다. 마조패는 중국의 명·청 시대에 유행하던 지패紙牌의 일종으로서 엽자葉子라고 부르기도 한다. 이것은 명나라 희종熹宗의 천계天啓(1621~1627)연간에 완성되었다고 하나 확실한지는 알 수 없다. 어쨌든 마조희는 16세기 후반부터 시작되어서 19세기까지 약 2백년간 유행한 중국식 카드놀이이다.[21]

그런데 마조패 기원설에 대해서 몇 가지 의문점이 있다. 최남선은 마조를 120장이라 했지만, 명나라의 마조패는 원래 40장이었다. 마조는 마도馬掉, 마도각馬掉脚이라는 별칭을 갖고 있다. 이것은 말이 네 다리 중 한 다리라도 잃으면 걷지 못함을 의미하는 것이다. 네 사람이 모여 마조희를 즐기는 까닭과 연관되어 있다. 이 마조는 십자十字 11장, 만자萬子 9장, 삭자索子 9장, 문전文錢 11장 등 총 4문門[22] 40장이다. 앞의 3종은 숫자가 높은 패가 이기는 것이지만 문전은 거꾸로 숫자가 높은 패가 지는 것이다.[23] 이 마조는 패가 계속 첨가되어 108매의 강서지패江西之牌가 생겨났다. 18세기에 이르러서는 총 120매의 지패가 등장하였다.[24] 따라서 최남선이 말한 마조패는 후대에 생겨난 강서지패일 가능성이 높다.

패에 기록된 문양과 문자의 측면에서도 중국의 마조패와 투전은 서로 다르다. 동서양의 카드놀이를 집대성한 『놀이카드의 역사』란 책을 보자. 이곳에는 마조패의 그림이 실려 있다. 특이한 점은 십자문과 만자문에는 장편무협 소설인 『수호지水滸誌』의 인물들이 그려져 있다는 것이다. 나머지 삭자문과 문전문에는 돈 꾸러미의 도식과 형이상학적 문양이 각각 그려져 있다.[25] 이에 비하여 투전의 문양은 어떠한가? 유득공은 『경도잡지』에서 "투전에 그려진 문자가 전자篆字 같고 초서草書 같은 것이 기괴하여 알 수 없다"고 하였다. 나와 같은 한자체의 문외한들도 투전의 문자가 전자나 초서가 아님을 알 수 있다.

그렇다면 투전 속의 문자는 도대체 무엇일까? 이에 대하여 흥미로운 견해가 있다. 투전에 적힌 알 수 없는 글자는 만주글자라는 것이다.[26] 투전을 만든 장현이 당대의 유명한 당상통역관堂上通譯官으로 중국어 외에 청나라의 여진어女眞語까지 할 수 있었다는 사실에 착안한 해석이다. 북학파의 선구자였던 홍대용洪大容(1731~1783)의 『담헌서』를 보면 이 견해의 신빙성이 높아진다. 홍대용은 1765년(영조 41) 숙부인을 군관軍官으로서 수행하고자 북경을 방문하여 여행기를 남겼다. 이때 그는 관성關城에 들러 다음과 같은 사실을 목격하였다.

중국의 마조패. 『수호지』의 등장인물이 그려져 있다.

다시 문을 지나니 서남으로 긴 온돌방이 있는데 5~6칸은 되어 보였다. 수십 명이 패를 나눠 지패놀이紙牌戲를 하고 있는데, 모두 반쯤 취해서 교만하고 사나웠다. …… 그들이 노는 것을 구경하니 우리나라 투전投錢과 비슷한데 쪽이 모두 백 개였다. 안팎으로 모두 만주글자胡諺를 썼는데, 네 사람이 각각 스무 개씩을 나눠 갖고 한 가운데다 스무 개를 놓는다. 각각 한 쪽씩을 내고는 가운데 있는 걸 한 쪽씩 뒤집었다. 혹 놀라기도 하고 웃기도 하며 여남은 쪽들을 내놓더니 문득 서로 보고는 떠들썩하게 웃어대며 돈을 건넸다. 사람마다 옆에다 돈을 놓아두었는데 많은 사람은 수십 꿰미나 된다.[27]

지패를 노는 풍경이 우리나라 투전판의 모습과 흡사하다. 홍대용은 이 지패의 안팎에 모두 만주글자가 씌어 있다고 하였다. 홍대용이 청나라에 다녀간 지 15년 뒤인 1780년(정조 4년) 연암燕巖 박지원朴趾源도 북경 방문 시에 배 위에서 비슷한 도박풍경을 목도하였다. 박지원은 "휘장 안에서 네 사람이 한창 투전을 하고 있기에 들여다보았으나 모두 만주글자여서 도시 알 수 없다"고 하였다.[28] 두 사람은 비슷한 시기에 북경을 방문했고, 만주글자가 적힌 지패를 노는 풍속을 목격한 것이다. 당시 청나라에서는 이 도박풍속이 매우 유행했음을 알 수 있다.

혹 투전의 원조가 홍대용과 박지원이 본 청나라의 지패가 아닐까? 이 지패를 역관들이 들여온 것이 아닐까? 청나라 글자를 아는 역관들은 쉽게 제작도 가능했을 것이다. 만약 이 지패놀이가 우리나라에 들어왔다면, 전국으로 퍼지는 과정에서 만주글자가 많은 변형을 거쳤을지 모른다. 한국화, 토착화의 과정을 거쳐서인지, 우리나라의 지역마다 투전지의 문양이 일정하지 못하고 조금씩 차이가 있다. 투전장 그리는 사람을 '타자'라 한다. 투전의 문양이 인쇄가 아닌 필사筆寫이기 때문에 쓰는 사람의 솜씨 여하에 따라 글씨체가 약간씩 달

삼전도비三田渡碑 (사적 101호). 삼전도비는 병자호란 때 청나라 태종의 요구에 따라 그의 공덕을 새긴 비석이다. 이 비석에는 한자, 몽골문자, 만주문자가 함께 새겨져 있다. 이 비석은 당시의 만주문자를 연구할 수 있는 귀중한 자료이기도 하다.

라진다.[29] 투전패는 지역명을 붙여서 'ㅇㅇ목'으로 부르기도 한다. 예컨대 광주전남지역에서는 광주목, 괭이목, 함평목, 장석목 등의 투전패가 있다.[30]

도박계를 잠식한 '투전의 힘'

조선 후기, 들어온 지 얼마 되지 않은 투전은 순식간에 도박계를 점령했다. 이러한 투전의 힘은 어디에서 나온 것일까? 투전이 대중적 호감을 얻게 된 이면에는 노름패의 간소화가 있었다. 투전패가 80장에서 60장 다시 40장으로 점차 간소화되면서 대중성을 얻게 되었다. 투전패가 간소화되면서 놀이방법도 덩달아 간단해졌다. 대신 도박판의 순환성이 커지면서 투기성은 배가 되었다. 이러한 변화는 민중의 즉흥적 도박심리와 맞아떨어진 것으로 보인다.

앞에서도 살펴보았듯이 투전의 놀이방법은 배우기가 어렵지 않다. 그래서 초년배라도 운수만 좋다면 이길 수 있다는 확신이 생긴다. 패를 돌리고 확인하는 시간도 많이 걸리지 않는다. 판의 스피드와 순환성이 높으므로 지루하지 않다는 장점을 갖고 있다. 또한 투전은 제작과 구입이 손쉬웠다. 쌍륙 같은 기왕의 도박도구는 지배층에 한하여 매매되었고, 제작하기도 어려웠다. 그러나 투전은 두꺼운 장지壯紙 두 장을 붙여서 기름을 먹이고 글귀를 적어 넣으면 끝이다.[31]

투전의 이런 장점은 엄청난 파급력을 낳았다. 백성들의 기호에 맞게 출현한 투전은 수많은 민중들에게 전파되었다. 투전으로 인해 도박의 주류세력이 지배계층에서 민중으로 변화하였다. 투전은 인구가 밀집된 한양에서 가장 성행하였으며 전국 방방곡곡으로 퍼져 지방의 군현에서도 골칫거리가 되었다. 또한 투전꾼들이 전문적인 도박단을 형성하여 무리를 지어 다니기도 하였다.

그런데 조선 후기 투전의 확산에는 '또 다른 힘'이 작용하고 있었다. 조선 후기에 시작된 주전행전鑄錢行錢, 즉 동전의 발행과 유통이 투전의 위력을 증폭시켰다. 도박과 돈은 떨어질 수 없는 관계이다. 돈이 없는 도박을 생각할 수 있을까? 조선 초기부터 17세기 말까지 우리나라의 교환경제를 주름잡던 화폐는 포화布貨, 특히 면포綿布였다.[32] 도박꾼들의 노름돈이 면포라면……. 상상을 해보자. 산가지를 칩(chip)으로 삼아서 노름판을 벌인 뒤에 딴 산가지만큼 면포를 주고받는다. 이러한 불편하고 느낌 없는 도박판에 활력을 불어준 것이 바로 '상평통보常平通寶'라는 동전이었다.

숙종 4년(1678) 이후 지방의 감영監營에서도 주전鑄錢을 허가함으로써 많은 양의 동전이 유통되기 시작하였다.[33] 교환경제의 흐름이 물물교환에서 화폐경제로 진전됨에 따라 도박판의 양상도 변화하였다. 조선 후기의 풍속화를 보면 도박판에는 동전묶음이 놓여 있다. 이것은 도박판에서 일반적으로 동전이 사용되었음을 말해준다. 돈이 사용됨에 따라 투전판에는 스릴이 넘쳤다. 도박판이 용이하게 진행되었고, 점차 투기성도 높아졌다. 도박꾼의 심리에도 상당한 자극을 주었다. 판의 결과에 따라 즉자적으로 교환되는 화폐가 승자와 패자 모두에게 강한 심리적 자극과 흥분을 안겨준 것이다. 패자는 잃은 돈을 되찾기 위해 집과 가족을 서슴지 않고 담보로 삼았다. 돈이란 게 도대체 무엇인지, 돈이 개입하면서 투전판의 폐해가 봇물처럼 커졌다.

이처럼 당대 도박판의 양상은 사회적 흐름과 밀접한 관계를 맺고 있다. 조선 후기는 도시가 발달하고 장시場市가 크게 성장한 시기였다. 도시와 장시의 발달은 전문적인 도박판이 성장하는 적합한 환경이 되었다. 이곳에서의 도박은 마을의

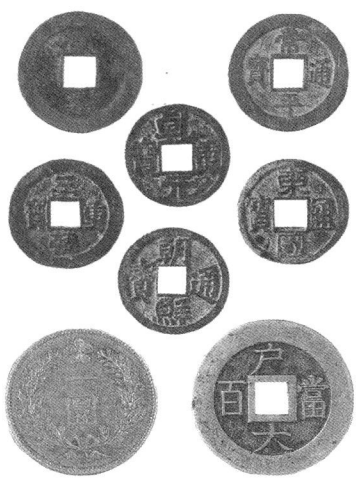

우리나라에서 발행된 고화폐.

구한말의 5일장 풍경.

조그만 사랑방에서 벌이는 도박과는 한마디로 '판'이 달랐다. 저자거리의 도박판에는 마을의 인정적·지속적 관계 대신 도박으로 결합된 일시적 관계만 남아 있었다. 투전꾼의 눈빛은 날카로웠고, 경제적 폭리를 노렸다. 인정이 배제되고 오로지 금전추구에 집착하는 '냉정한 도박판'이 탄생한 것이다. 어수룩한 초년배들이 먹이로 걸려들면 금세 금전 강탈을 위한 사기 도박판이 꾸려지기도 하였다. 조선 후기의 도박은 점차 오락으로서의 성격을 상실한 채, 금전추구의 투기적 도박으로 굳어져 갔다.

민속문화의 속살이 된 투전

투전 풍속은 민속문화의 여러 장르로 삽입되었다. 대표적인 것이 가산오광대의 문둥이 과장이다. 이 과장은 문둥이들이 모여 투전판을 벌이다가 어딩이의 신고에 의하여 순사에게 잡혀간다는 줄거리이다. 문둥이들은 동냥으로 번 돈으로 투전을 한다. 투전하기에 앞서 투전불림을 합창하는데 막걸리처럼 걸쭉하다. 가사 내용은 사물을 희화화하여 투전의 각 패에 대응시킨 것이다.

일자나 한 장 들고나 보니 호박씨 같은 일자요,
이자나 한 장 들고나 보니 도구떼(절구공이) 같은 이자요
삼자나 한 장 들고나 보니 뱃놈의 돛이 삼자요
사자나 한 장 들고나 보니 선비 같은 사자요
오자나 한 장 들고나 보니 각시 대가리 같은 오자요
육자나 한 장 들고나 보니 범나비 수염 같은 육자요
칠자나 한 장 들고나 보니 개발 같은 칠자요
팔자나 한 장 들고나 보니 반달 같은 팔자요
구자나 한 장 들고나 보니 중놈 대가리가 구자요
십자나 한 장 들고나 보니 부적데기 같은 십자요

각 패마다 붙어 있는 후렴구가 재미있다. 투전꾼들은 패 한 장에 따라 운명이 갈리게 된다. 즉 2가 7을 만났을 때는 갑오(9끗)로서 최고 점수이지만 2가 9를 만나면 따라지(1끗)로 최저 점수로 전락한다. 따라서 투전불림의 가사처럼 투전패 한 장의 의미는 특별하다고 할 수 있다.

이외에도 민속문화의 곳곳에 투전의 흔적이 남아 있다. 송파산대놀이의 일곱째 마당인 노장마당에서는 노장이 투전을 꺼내들고 표

가산오광대의 문둥이탈.

를 떼는 시늉을 한다. 이것은 노장이 파계를 하기 전, 투전을 꺼내들고 자신의 운명을 점쳐보는 시늉이다. 필봉에서 전래된 도둑잡이굿은 어떠한가. 이 굿은 잡색들이 벌이는 극적劇的 놀이로서 투전을 소재로 하고 있다. 투전으로 문란해진 군의 기강을 바로잡는다는 줄거리이다. 당대 투전의 문화적 영향력과 사회적 파급효과가 민속문화의 속살이 되었던 것이다.

《중외일보》1929년 3월 18일자에 실린 이득준의 〈투전ㅅ군안악네〉라는 시. 이득준의 시는 투전꾼의 아내들이 겪는 애처로운 일상을 잘 보여주고 있다. 조선 후기부터 근대까지 투전의 진정한 피해자는 이 땅의 여성들이 아닐까? 이 시대의 도박꾼들도 이 시의 애환을 한번쯤은 음미해볼지어다.

기나긴 겨울밤	사람의 발소리는	남편기다리는
재만지저도	잡혀가는무리들인가	투전ㅅ군 안악네
맘노코못자는	그곳에남편이	이제나올싸?
젊은 안악네	셔이지나안엇나?	한숨쉬이며
남편이 잡히나?	초조히잠못자는	문소리가나기만
가슴이 울넝	젊은안악네	기다리다가도
순사나 안오나	먼마을개소리	슬이나안먹길
잠못일우는	잇다금드르며	바라는안악네
투전ㅅ군 안악네	닭울기사지도	
응성거리는	잠못일우고	

보설 :
사회주의 리얼리즘과 투전판 명장면

사회주의 리얼리즘의 대표적 작가 민촌民村 이기영은 식민지시대 최고의 농민소설을 저술한 프로문학의 거두이다. 이기영의 문학은 일제시대 농민의 모습을 구체적으로 형상화하는 데 탁월한 성과를 거두었다. 그는 가난 속에 무너져가는 농촌을 사실적으로 묘사하기 위하여 도박이란 소재를 자주 사용하였다. 대표적 작품인 「서화鼠火」이다. 이 소설은 1935년 여름 《조선일보》에 발표된 작품이다.

작품의 제목인 서화는 '쥐불놀이'를 뜻한다. 하지만 이 소설의 주된 소재는 '투전'이다. 여기에는 투전판을 무척 사실적으로 그린 명장면이 실려 있다. 이를 통해 과거의 투전판을 실감나게 느낄 수 있을 것이다. 서화의 발단 부분을 펼쳐보자.[34]

윗말 최소사집 윗방에서는 희미한 석유 등잔 밑에 네 사람이 상투를 마주 모으고 앉았다.…… 돌쇠는 투전목을 잡고 척척 쳐서 주루룩 그어가지고 아기패에게 떼어 얹힌 뒤에 한 장씩을 돌려주고 나서 자기패를 빼 보더만 '자 들어갔네' 하고 팻장을 투전 맨 위로 엎어놓았다. 그리고 아기패에게 묻는다. "얼마 실었니?"…… 응삼이는 주저하다가 지전 한 장을 꺼내놓았다. 돌쇠는 투전 두 장을 빼어서 그의 큰 입을 오므리고 빠드득 소리가 나도록 조여보더만 다시 한 장을 들어가자 별안간 활기가 나서 소리친다. "자들 까라고." "서시(여섯끗)." 돌쇠는 성선이 앞에 놓인 돈을 좍 긁어들였다. 완득이가 석 장을 까놓는 것이 일육팔 진주(다섯끗)였다. "난 일곱끗이야." 하고 웅삼이도 석 장을 까놓으며 머리를 긁는데 돌쇠는 거침없이 웅삼이 앞에 놓인 돈도 소리개가 병아리 움키듯 집어들이면서 "청산만리일고주青山萬里一孤舟 칠칠오 돛대 갑오(아홉끗) 흔들거리고 떠온다." 툭 제끼는데 그것은 분명히 오칠칠 갑오였다. 웅삼이는 두 눈이 툭 벌거졌다. 일곱끗으로도 못 먹는 것이 분하였다.……

*( )은 인용자가 표기

긴장감 넘치는 투전판의 모습이 아닐 수 없다. 주인공인 돌쇠는 양식도 구하지 못하고 빚만 늘어나는 처지이다. 이를 극복하고자 찾은 탈출구가 투전이었다. 돌쇠는 어수룩하고 투전이 서투른 웅삼이를 꾀어 돈을 따기로 작정한다. 자꾸 돈을 잃은 웅삼이는 드디어 분기탱천했다. 웅삼이가 이성을 잃을수록 돌쇠의 눈빛은 날카로워졌다. 웅삼이의 '올인'이 가까워졌기 때문이다.

마침내 웅삼이는 화증이 버럭 나서 있는 돈을 툭 털어가지고 "너고 나고 단둘이 한번 빼우 말자……"하며 달려들었다. "그것 좋지" 돌쇠는 투전목을 잡고 익숙하게 척척 쳐서 주루룩 그었다. " 자 떼라" "자 뗐다" "빼라" "뺐다" 단판 씨름의 큰 판이라 방안의 공기는 긴장되었다. 석 장의 투전을 붙들고 죄이는 웅삼의 손이 신장대 떨듯 떨렸다. "서시(여섯끗)!" "이 놈아 장팔이다!" 돌쇠는 투전장을 제끼자 자기 앞에 놓인 돈뭉치를 번개같이 집어넣고 벌떡 일어섰다. "아이구 이런 복통할 놈의 투전아!" 웅삼이는 투전장을 찢어버리고 주먹으로 가슴을 치며 자빠진다. 그러자 좌중은 와-하고 돌쇠에게로 손을 벌리고 달려들었다.

탁월한 투전꾼인 돌쇠를 이길 수가 있겠는가. 결국 응삼이는 소 살 돈을 모두 날려버렸다. '이런 복통할 놈의 투전' 이라며 투전장을 찢어보았자 소용이 없었다. 응삼이의 노름돈은 이미 돌쇠의 수중으로 넘어가고 말았기 때문이다. 돌쇠와 응삼이의 캐릭터는 소설 속에서 가공된 인물만은 아니었다. 조선 후기부터 근대에 이르기까지 농촌 마을의 투전꾼은 바로 우리 곁에서 끊임없이 생멸하고 있었다. 투전에 웃고 투전에 울던 한국인들. 아직도 투전의 역사적 경험은 한국인의 뇌리에 각인되어 남아 있다.

더 읽을거리

투전과 쌍벽을 이룬 골패

조선 후기에 골패는 투전과 쌍벽을 이루는 도박이었다. 투전은 남성들의 놀이로서 투전꾼하면 보통 남성 노름꾼을 상징한다. 이에 비하여 골패는 쌍륙과 같이 기방에서 남녀가 함께 즐기는 경우가 많았다. 「기산풍속도」에서는 당시의 골패놀이 풍속을 잘 보여준다. 이것은 손님들이 기생집에서 모여 술상을 시켜놓고 기생과 골패를 하는 장면을 생생하게 그린 것이다.

골패는 구멍수와 모양에 따라서 패를 맞추는 도박이다. 골패는 강패江牌, 아패牙牌, 호패號牌라고 부르기도 한다. 또한 제조양식에 따라서 뼈로만 만든 것을 민패, 흰 뼈와 검은 대나무를 붙여서 만든 것을 사모패紗帽牌라고 한다. 패는 소·사슴 등 동물의 뼈를 나무에 덧붙여서 손가락의 마디 크기로 만든다. 그리고 대·중·소 원 모양의 구멍을 판 뒤에 붉은색, 검

기산 김준근의 골패 풍속화.

은색(혹은 푸른색)을 칠하여 완성한다. 골패는 총 32개의 패가 있으며, 구멍수는 모두 227개이다. 구멍수에 따라 각기 별칭이 붙어있다. 같은 패가 2개(짝패)인 것과 1개의 패(홀패)로 된 것이 있다. 32개의 패중에서 우두머리는 '관이' 이다. 관이는 패중지왕이라 하여 제일 어른 대접을 받는다.

골패의 역사적 연원에 대해서는 백낙천白樂天이 별을 본떠 만들었다는 설, 송나라의 사마광司馬光이 만들었다는 설 등 여러 가지 설이 있다. 그러나 골패는 주사위가 점차 변형되어 출현한 것으로 보인다. 골패의 모습은 주사위의 두 면을 붙인 형태임을 알 수 있다. 중국에서는 골패의 일종인 선화패宣和牌가 송나라 선화宣和 2년(1120)에 만들어졌다고 한다. 선화패는 명대明代와 청나라 초기에 유행하였다. 청나라 때 골패는 마조馬吊와 결합하면서 마장馬將(현재의 마작)으로 발전하게 되었다.[35] 골패가 비록 중국에 기원을 두고 있지만 골패의 놀이양식과 방법은 한국적 상황에 맞게 크게 변화하였다.

골패와 골패 주머니. 경남 의령의 홍순옥 어르신이 소장하고 있는 골패이다. 현재까지 약 40년 동안 소중하게 간직하고 계시다.

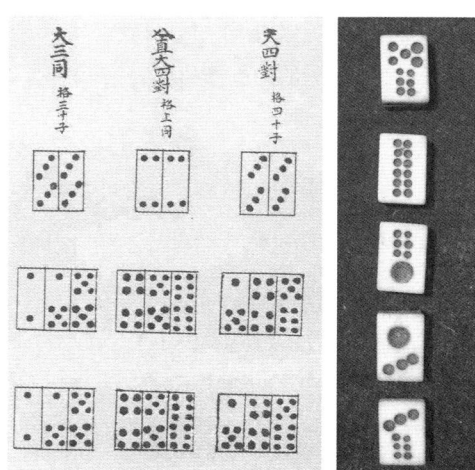

우리나라 『삼재도회三才圖會』에 실려 있는 골보骨譜(좌), 꼬리 맞추기 놀이(우).

    골패의 놀이방법은 매우 다양하며 거의 80가지에 이른다고 한다. 일례로 충북지역에서는 톡, 밑달기(미골), 그대기, 오관떼기, 쑤시기 등의 많은 놀이방식이 있다. 톡은 가장 널리 즐기는 놀이로서 '톡을 모르면 양반이 못된다'는 말이 있을 정도이다.[36] 톡은 카드방식과 비슷한데 처음에는 주로 5명이 하면서 6개의 골패를 나누어 갖는다. 그리고 타인이 내놓은 패를 집어가고 자신의 패를 내놓으면서 패를 맞추어 간다. 그러다가 제일 먼저 손을 털거나 남은 구멍의 숫자가 제일 적은 사람이 장원이 된다. 이외에도 가장 널리 즐기는 골패 놀이로는 '짝맞추기와 꼬리 맞추기' 등이 있다.
    양반 가운데에도 골패에 빠져있는 자들이 적지 않았다. 《대한매일신보》 1908년 8월 9일자를 보면 "양반들이 골패짝 잡기를 밥숟가락 붙잡기보다 좋아하여"라고 지적하고 있다. 조정의 관료 가운데 골패에 빠져든

이도 적지 않았다. 『매천야록』에서는 주일공사 조민희趙民熙를 도박 중에서도 골패를 생명처럼 여긴 인물로 소개하고 있다. 그는 주야로 저고리의 중단中單을 만지면서 골패를 하다가 중단이 떨어지는 바람에 주위에서 그를 '골귀骨鬼'라고 부르기까지 하였다.

골패는 며칠씩을 골패판에서 지새우게 할 정도로 도박성이 강하였다. 그러나 골패는 놀이방법이 많을뿐더러 복잡하고 까다롭다. 놀이방식이 복잡하고 난해하기 때문에 투전만큼 백성에게 쉽게 파고들지는 못하였다. 복잡한 골패의 놀이방법을 잘 설명하기 위해서 『골보骨譜』라는 책자가 전해지기도 한다.

골패의 구멍수와 별칭을 맞추어 정리해보면 다음과 같다. "소소(1·1, 짝패), 쥐코(1·2, 홀패), 소삼(1·3, 짝패), 백사(1·4, 홀패), 백오(1·5, 짝패), 백륙(1·6, 짝패), 진아(2·2, 짝패), 아삼(2·3, 홀패), 어사(2·4, 홀패), 관이(2·5, 홀패), 아륙(2·6, 홀패), 장삼(3·3, 짝패), 삼사(3·4, 홀패), 삼오(3·5, 홀패), 삼륙(3·6, 홀패), 직흥(4·4, 짝패), 사오(4·5, 홀패), 사륙(4·6, 짝패), 준오(5·5, 짝패), 오륙(5·6, 짝패), 주륙(6·6, 짝패)"

가야금 병창으로 불렀던 골패타령에서는 이러한 별칭들이 잘 녹아들어 있다. '얼싸 오늘 하 심심하니 골패 짝패 하여 보자. 쌍준륙에 삼륙을 지르고 쌍준오에 삼오를 지르니 삼십삼천 이십팔수 북두칠성이 앵돌아졌구나. ……(중략)…… 청부동靑不同 백부동白不同 매화가되고 소삼관이 사륙하고 소삼어사 오륙하니 옥당쌍수가 뒤집어지누다'

이지용은 왕실로부터 물려받은 재산과 일본으로 받은 로비자금까지 화투판에서 모두 날려 버렸다. 이지용은 한꺼번에 수만 원씩을 판돈으로 걸었다고 한다. 1907년 국채보상운동이 벌어질 당시 조선의 국채총액이 1300만원이다. 이지용의 노름돈을 합하면 나라를 살릴 정도이다. 현재의 억대 도박판도 이지용의 도박판에는 비교가 되지 않는다.

七장 친일파 이지용, 나라를 팔아 화투대왕이 되다 -도박과 화투

백년 전 시작된 화투의 열풍

단군 이래 최대의 국민도박이라는 화투, 그 힘의 원천은 도대체 무엇일까? 화투의 열병을 이해하기 위해서는 먼저 화투의 역사를 차분히 되새길 필요가 있다. 화투의 역사에 대해서는 의견이 분분하다. 어느 학자는 일본의 화투가 투전에서 비롯된 것이라 주장한다. 또 다른 학자는 화투야말로 일제의 못된 잔재라고 일침을 놓는다. 먼저 감정을 가라앉히고 화투를 역사적 자료로 보는 냉정한 시각을 가져보자. 그 다음 화투놀이가 우리 민족에게 뿌리내리는 경로를 객관적으로 살펴보자.

화투에 대한 기록을 찾기 위해 옛날 신문들을 뒤적여보았다. 지금으로부터 약 100년 전부터 화투가 신문 매체 속에서 등장하기 시작하였다. 영국인 베셀(Ernest Thomas Bethell)에 의해서 창간되었다는 《대한매일신보》에서 흥미로운 기사를 발견하였다. 1904년 12월 9일자 신문에서는 아래 두 건의 기사가 함께 실려 있었다.

> 각 대관의 잡기가 대치함으로 신참정 이상 주 엄금하였는데 근일에 그 이하 중관 등이 잡기희를 꾸며 경위원 총관 권중석, 궁내부 협판 박영화, 한성판윤 민경식, 부장 이지용 모모 제씨가 화투희를 설치하고 유희를 설국하는데 그 중에 득실이 과다하더라.[1]

> 작일 하오 2시에 아이 셋이 남촌 어두묵골 일본 마디 영문 앞에 있는 밧진흙 구덩이에서 화투로서 잡희를 하다가 별순검에게 잡혔는데 한 놈은 도망하고 두 놈만 잡혀갔다더라.[2]

화투는 초창기부터 굉장한 위력을 가졌던 것으로 보인다. 80년대의 고스톱 열풍에 비할 바는 아니더라도 당시의 잡기놀이 판세에 큰 영향을 미쳤다. 첫 번째 기사는 고위 관리들이 화투놀이를 하는데 노름돈이 많이 왕래한다는 기사요, 두 번째 기사는 아이들까지 화투놀이를 벌인다는 내용의 기사다. 1904년에 고관대작은 물론이고 젊은 아이들까지도 화

우리나라의 화투.

투놀이에 빠져 있던 것이다. 100년 전 이미 화투놀이가 넓게 전파되어 있었다는 증거이다.

1904년 12월은 일제가 한국을 장악하기 위한 기초작업이 끝났던 시기였다. 러일전쟁에서 승리한 일본이 한일의정서를 체결하고 고문정치를 성립시켰던 때였다. 조선은 정치적으로 미궁으로 치닫고 있었다. 일본의 영향력이 거세지고 친일파들이 득세하던 암울한 시절이었다. 점차 희망의 불씨마저 꺼질 무렵, 화투의 불길은 조선 전역을 휩쓸고 있던 것이다.

구한말 지배층의 도박은 망국병

화투놀이의 병폐는 지배층을 중심으로 커지고 있었다. 그들이 노름판에서 거는 판돈은 엄청난 규모였다. 예컨대 1906년 5월에는 어느 군수가 화투국을 설치하고 노름을 하는데 판돈이 일만 원이었다고 한다.[3] 1907년 10월에는 모대관의 집에서 화투판을 벌이는데 득실이 몇 만환씩 난다고 하였다.[4] 부유한 지배층이라도 최악의 노름빚을 당해낼 수는 없는 법. 전 군수 민영채 씨는 화투에 잃은 빚을 갚지 못해 매일 빚독촉에 시달리는가 하면,[5] 학부 서기관 모씨는 화투빚이 곤란하여 자기 집문서를 팔려고 돌아다니게 되었다.[6]

구한말 지배층의 도박은 망국병이라 해도 과언이 아닐 정도였다. 이들은 외국인들에게까지 빚을 내서 도박을 하는 형편이 되었다.

조선의 위신이 거의 땅으로 추락하고 있었다. 1904년 조정에서는 의정부 참정議政府參政 신기선申箕善이 이에 대해 적극적인 공세에 나섰다.

> 요즘 들건대 칙임관勅任官이나 높은 급의 관리들도 모여 앉아 도박을 하는 것이 많다고 합니다. 한 판에 짐바리가 왔다갔다 하여 만금재물을 잃는 것이 일쑤입니다. 더러는 으슥한 곳에다 불러들여 암암리에 도박꾼의 소굴을 만들어놓고 더러는 외국인에서 빚을 내는 것을 마지막 수단처럼 여깁니다. ……부유하던 가산을 하루아침에 털리고도 부끄러움은커녕 후회도 모르고 갈수록 도박에 깊이 빠져들어 가는데 뻔뻔스럽고 멍청한 꼴이 마치 귀신에게 홀린 것 같습니다. 조정의 체면을 손상시키고 외국인에게 모욕을 당하며 재산을 탕진하고 민심을 어지럽히는 것이 이미 말할 수 없을 정도로 극히 해괴합니다.[7]

조정 관리들의 윤리적 기강이 뿌리째 흔들리고 있지 않은가. 이래서야 조정에서 백성들의 도박 문제를 말할 자격이 있겠는가. 신기선은 속히 법부法部, 경위원警衛院, 경무청警務廳으로 하여금 방도를 세워 기찰을 하고, 몰수한 노름돈은 체포한 관리들에게 상금으로 나누어주자고 제의하였다.

당시 신기선의 제의는 승인되었지만 실제 효과는 별로 없었던 것 같다. 보름도 안 되어 《대한매일신보》에서는 다음과 같이 불평 섞인 기사를 확인할 수 있다. "근일에 화투 노름을 금하는데 잡혀가는 자마다 교군꾼 아니면 지게꾼이나 아이들이라. 실상으로 말하자면 모모 대관집에서는 큰 판으로 잡기를 하매 거기는 순검과 병정이 파수를 하는지라 별순검이 감히 들어가지도 못한다고 하니 그러한즉 하등사회

1890년대 별기군의 모습.

인만 죄책이 있고 상등사회에는 잡기를 하여도 관계치 아니하다고 들 하더라."[8] 요컨대 별순검이 고관대작의 화투놀이를 단속하려 해도 경찰과 군사들에 의해서 오히려 제지를 당하고 있다는 것이다. 금禁도박에 있어서도 유권무죄有權無罪, 무권유죄無權有罪가 철저히 통용되고 있었다. 화투 병폐의 진원지는 지배층인데 하층민들만 구속을 하고 있으니 헛물을 켜고 있던 셈이다. 화투놀이의 본원지가 묵인되고 있으니 화투로 인한 폐해는 계속 커져만 갔다.

뚱뚱마누라가 노름돈을 물쓰듯이 ᄒ더라

고위 관리들의 화투놀이는 '대관의 별실', '모 영감의 소실'로 불리는 첩들에게까지 전파되었다. 이 소실들은 서로 모여서 화투로 크게 내기를 하다가 법망에 걸리기도 하였다.[9] 남편들의 부를 이용할 수 있었으므로 화투판의 노름돈도 당연히 컸다. 이들이 모이면 노름돈을 물 쓰듯 한다는 소문이 많았다. 《대

일본 풍속화에 그려진 '유곽과 도박판'의 모습. 판 위에는 하나후다 패가 있다.

한매일신보》1909년 6월 11일 〈별실의 행위〉라는 기사에서는,

근일 남북촌 모대감 모영감의 소실 중에 혹은 뚱뚱마누라 혹은 외주집 송도집이라 하는 자들이 매일 주축하야 오늘에는 이 집에서 화투를 하고 내일에는 저 집에서 골패를 하야 몇 십 환 몇 백 환이 왕래하며 돈을 물같이 쓰는지라……[10]

라고 지적하고 있다. 이 기사를 쓴 기자는 가장이라는 남편들이 "이를 알고도 금하지 않는지, 몰라서 금하지 않는지 비평이 낭자하다"고 한탄하였다.

물론 당시의 사회적 분위기를 감안할 때, 이 기사의 배경에는 여성들의 도박행위에 대해서 지나치게 민감하게 반응하는 가부장적인 시선이 깔려 있다. 경시청에서는 첩들의 도박이 재산의 손해뿐만 아

니라 일반 여성들에게도 영향을 미칠까 두려워 비밀정탐을 벌이게 되었다.[11] 결국 첩들이 풍속을 문란케 한다는 판단이 내려졌고, 이들의 화투행위에 대해서 통금하고 엄히 징치하기로 방침을 세웠다.[12] 그러나 대관들의 첩을 마음대로 다룰 수가 있겠는가. 이후에도 '현모의 별실'이란 자는 경시청의 단속과 상관없이 나이 젊은 부녀들을 유인하여 화투판을 벌였다고 한다. 큰 손해를 당하는 자들이 늘어났지만 경찰관리들은 이를 금지하지 못했다.[13] 고위관리들의 권력 앞에 무릎을 꿇은 탓이 아니었을까.

일제강점기 이전, 화투는 이미 도박계의 패권을 노리고 있었다. 1910년까지의 신문기사만으로도 이를 어렵지 않게 확인할 수 있다. 대개 '화투 피착被捉', '노름꾼 피착' 등의 제목으로 화투놀이를 하다가 경찰서에 잡혀가거나 노름빚에 쫓긴다는 내용을 다룬 기사들이 많았다. 이들의 신분과 지위를 확인해보면 각 대신들, 중추원 고문, 전 승지, 군수, 관립사범학교 교수, 변호사, 자본가 등의 상층부 인사들을 비롯해서 이발사, 마부, 인력거꾼, 석탄상, 잡화상, 기생 등의 하층계급까지 매우 다양하다. 지위와 신분을 막론하고 화투로 인하여 망신살이 낀 것이다. 화투판을 벌인 노름장소는 어디였을까. 일반 민가, 약국집의 골방, 피서지, 사무실, 산정山亭, 기생집, 연극장 등 역시 다채롭다. 화투로 인하여 전 조선이 들썩거리고 있었다.

돈 있는 자를 유인하여 거금의 노름빚을 지게 하는 화투판도 벌어졌다. 일종의 '화투 사기 도박'이라고 할 수 있겠다. 사례를 보자. 1908년에는 이우, 이승한, 이종한, 강신현 등이 황간에 사는 성욱환을 유인해 화투판을 벌여 일천오십 환의 노름빚을 지게 하였다. 이들은 빚쟁이라며 성욱환을 위협하여 수표를 받았으며, 수십 석지기의 논을 탈취했다고 한다.[14] 1909년 경기도 파주군 문산에서는 이웃집의 재산을 몽땅 턴 사건도 있었다. 이른바 '대협잡군'이라고 불리는 김명하라는 자는 이웃집의 장성환을 유인해 개성 등 곳곳으로 데리고 다니면서 가산을 탕진하게 하였다. 속임수로 금화 사백여 환을 뺏은 것으로도 모자라 나중에는 이천 원 수표를 받아서 챙겼다. 이후에도 뻔뻔스럽게 장씨 집으로 일인日人 등을 보내 가족들을 내쫓고, 가산집물과 전답문권까지 조사해 갔다고 한다.[15]

이 모든 사건은 화투 때문에 생긴 병폐였다. 1900년대 신종 도박인 화투의 기세는 투전과 골패 못지않았다. 오히려 지배층을 중심으로는 커다란 세력권을 형성하고 있었다. 그렇다면 화투는 언제 조선으로 들어온 것일까?

화투국花鬪局을 설치한 일본인

1904년의 신문매체에서 본격적으로 화투놀이가 회자되고 있으니 이 시기 이전에 유입되었음은 분명하다. 먼저, 황현黃玹(1855~1910)이 적은 한말 비사인 『매천야록梅泉野錄』에 기술된 내용을 보자. 이 문헌에는 화투의 유입경로를 추정해볼 수 있는 구절이 있다.

옛날부터 경향 각지에서는 투전과 골패라는 도박이 있었다. 이것은 마조馬弔와 강패江牌 같은 것이다. 그러나 갑오경장 이후 도박놀이는 자연히 중지되었는데, 수년 이후 일본인들은 서울과 각 항구에 화투국花鬪局을 설치하여 지폐를 놓고 도박을 하면서 한판에 많은 돈을 따고 잃었으므로 미련한 신사紳士와 밑천이 적은 상인들은 파산하는 사람들이 줄을 이었다. 일본인들은 또 요술을 잘 부리어 그 기교로 사람들의 이목을 현란하게 하였으므로 도성에서는 절도가 매우 많았다.[16)]

황현黃玹(1855~1910). 『매천야록』을 적은 황현은 조선 후기의 학자이자 우국지사이다.

황현은 갑오경장甲午更張 이후 도박놀이가 자연히 중지되었다고 하였다. 이것은 갑오개혁 때의 잡기 금지 조치를 말한다. 즉 1894년 개화당 정권이 집권한 이후 1895년 3월 10일 내무아문內務衙門에서 각 도道에 88건의 제반 규례를 훈시한 일이 있었다. 이 규례의 제46에서 제48조까지가 투전과 골패와 같은 잡기를 엄금하는 내용이었다.[17)] 사회개혁 차원에서 기왕의 도박들에 대한 강력한 금지를 시행하고자 했던 것이다.

여하튼 황현은 1895년 이후 종래의 투전과 골패 등이 약화된 틈으로 일본인들에 의해 화투가 점차 파고들었다고 보았다. 그렇다면 화투가 유입된 것은 1895년부터 1904년 사이가 아닐까? 물론 그 이전에 화투가 한반도에 상륙했을 가능성은 있다. 하지만 화투가 조선인에 본격적으로 보급된 시기는 대체로 갑오개혁 이후로 볼 수 있을 것

개항 이후 제물포
항구 풍경.

이다.

　그렇다면 화투를 전파한 자들은 누구일까? 많은 사람이 대마도의 일본 상인이라고 추정하고 있다. 당시의 시대적 정황으로 보아 충분히 가능한 일이다. 1876년 강화도 조약 이후 조선은 일본에 문호를 개방하였다. 이때 부산을 교두보로 하여 인천과 원산 등의 항구가 일본인들에게 열렸다. 이곳에 설정된 조계租界는 치외법권 지역이었으며, 일본 상인의 무역이 자유롭게 허용된 지역이다. 일본 거류민의 직업은 무역상·잡화상 등뿐만 아니라 유기장遊技場, 매춘업과 같은 오락유흥업까지 천차만별이었다.[18] 이들은 치외법권 지역에서 마음껏 화투국을 설치하고 도박행각을 벌였을 것으로 생각된다. 이후 일본 상인들의 행상범위와 거주지가 점차 확대되면서 조선인들에게 널리 전파되었을 것이다.

　황현은 일본인의 화투국에서 '미련한 신사'와 '밑천이 적은 상인'들이 파산하는 일들이 줄을 이었다고 하였다. 또한 일본인들이 요술을 부려서 그 기교로 사람들의 이목을 현란하게 하였다고 기술하였다. 이것은 무엇을 뜻할까? 조선인에게 신종 잡기인 화투는 낯선 도박이었음이 분명하다. 투전과 골패에 익숙했던 조선인들에게 일본인들의 화투패를 치고 돌리는 모습은 매우 신기하지 않았겠는가. 또한 일본인들이 화투에 익숙하지 못한 조선인들에게 기교를 부려 사기도박을 쳤을 가능성도 충분히 있다. 신종 화투판에서 어수룩한 조선인들이 일본의 도박꾼을 당해낼 수 없는 것은 당연하다. 화투판에 돈을 쏟아 붓다 결국 패가망신하는 것이다.

  1900년 이후로는 일본인들의 화투사건과 조선인·일본인들이 함께 얽힌 화투사건이 많아지는 사실도 주목된다. 예컨대 1908년 8월에는 회동에 거류하는 일본인 세 명이 화투를 하다가 남부경찰서로 잡혀가는 일이 있었다.[19] 또한 1909년 12월에는 중부골에 사는 서순보의 집에서 조기원과 일인 등 수삼 명이 모여 화투판을 벌이다 경찰서에 피착되는 일이 있었다.[20] 이것은 일본인을 통해서 화투의 방법, 기술 등이 조선에 전파되고 있음을 짐작하게 해준다.

화투패	계절	화투 이름	초목	동물 등
	1월	솔	소나무	학
	2월	매조	매화	꾀꼬리
	3월	사꾸라	벚꽃	
	4월	흑싸리	등꽃	두견새
	5월	난초	창포(붓꽃)	
	6월	목단	목단	나비
	7월	홍싸리	싸리	멧돼지
	8월	팔공산(공산명월)		기러기와 달
	9월	국진	국화	
	10월	풍	단풍	사슴
	11월	오동(똥)	오동	봉황
	12월	비	버드나무	개구리,제비,영감

월력과 화투 문양
우리는 은어로 화투놀이를 '동양화 감상'이라 한다. 우스개 소리가 아니라 상당히 근거 있는 이야기이다. 화투에는 실제로 화조풍월花鳥風月이라는 일본인의 미의식이 담겨져 있다. 즉 1월에서 12월까지 월력의 변화에 따른 온대 몬순기후의 자연풍광이 응축되어 있는 것이다.

화투의 일본 이름, 하나후다花札

화투의 본적은 일본이다. 화투가 투전에서 비롯되었다는 주장이 있다. 그러나 실상은 일본 화투의 역사가 한국 투전의 역사보다 길다. 일본에서는 화투花鬪를 '하나후다花札, 하나아와세花合わせ, 하나 카루타花かるた' 등으로 말하고 있다. 옛 문헌에서는 골패骨牌, 가루타賀留多 등으로 적기도 한다. 화투는 수백 년의 세월을 거치면서 현재의 모습으로 정착된 것이다.

일본에서 화투는 언제 시작된 것일까? 여러 가지 설이 있다. 1571년 큐슈九州 대촌령大村領에 내항한 포르투갈 선원이 일본에 전했다는 설이 있다. 그래서 가루타賀留多라는 일본어도 포르투갈어 카르타(Carta)에서 변한 것이라 한다.[21] 또한 경장慶長(1596년~1615년) 연간에 네덜란드인에 의해서 일본에 전해졌으며, 이를 미이케三池貞次가 제작하여 에도막부德川幕府에 바친 것으로 시작되었다는 설도 있다.[22] 여하튼 16세기 경 일본에서는 화투의 조상격인 카드놀이를 하고 있던 셈이다.

일본의 하나후다.

초창기 화투의 조상은 '운순 카루타うんすんかるた, 천정 카루타天正かるた' 등으로서 현재의 화투와는 다른 모습이었다. 운순 카루타는 5종 각 15매로서 총 75패로 되어 있다. 이곳에는 서양인, 말을 탄

기사, 용, 검 등이 그려져 있다.[23] 천정 카루타는 그 예비패에 『天正金入極上』이라는 여섯 자가 적혀 있기 때문에 붙여진 이름이라 한다. 천정 카루타는 천정天正(1573년~1592년) 연간에 만들어진 것으로 추정된다. 천정 골패는 1~12까지 각 4장씩으로 총 48매로 되어 있다.[24] 운순 카루타와 천정 카루타는 단순히 서양으로부터 전래된 놀이카드는 아니었다. 일본인의 취향에 맞게 그림과 문양을 변화시킨 것이다. 일본에서는 꽤나 일찍 토착화된 카드놀이를 즐기고 있던 것이다.

일본의 운순 카루타(출처: 『도박사賭博史』).

카루타의 생명력은 질겼다. 카루타는 도박금지령에 의해서 약화되는 듯하다 18세기경 다시 유행하게 된다. 이때 등장한 것이 '메쿠리 카루타めくりかるた'이다. 이 메쿠리 카루타는 현재의 화투와 비슷한 형태를 갖추고 있었다. 다시 금지령이 심해지자 19세기 초에는 도박용 도구라는 인식에서 벗어나기 위하여 모양과 문양이 화려해진 카루타가 만들어졌다. 바로 '하나후다'라는 현재의 화투가 탄생한 것이다. 초기의 화투는 두꺼운 종이에 천연색으로 목판인쇄를 하였다. 화투의 인쇄기술은 에도시대에 번성하여 세계적으로 알려진 '우키요에'라는 판화기술이 바탕이 된 것이다.[25]

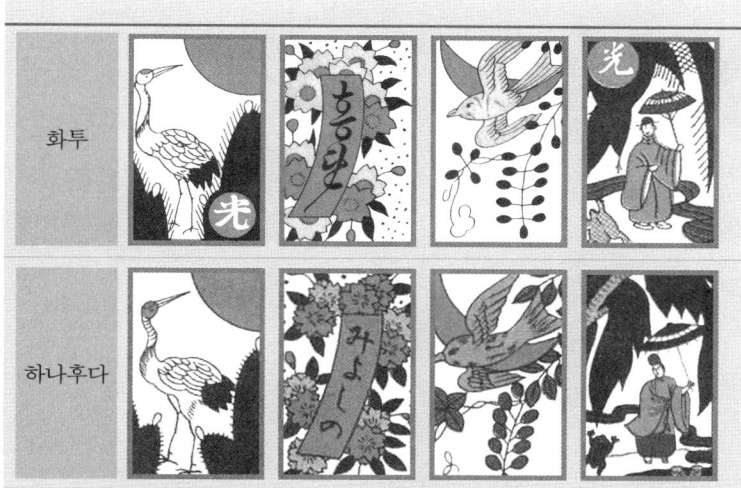

화투와 하나후다의 비교
도안상 하나후다와 화투는 몇 가지 차이점이 있다.

    일본의 하나후다는 12종 각 4매씩 총 48장이다. 이 12종은 1년의 12계절을 뜻한다. 그래서 주로 '꽃과 나무' 그림으로 장식되어 있다. 계절과 화초의 변화를 운치 있게 도박패로 담아낸 것이다. 일본의 하나후다는 한국의 화투와 거의 흡사하나 몇 가지 차이점이 있다. 한국의 화투에서는 11월이 오동, 12월이 비에 해당된다. 그런데 일본에서는 비가 11월, 오동이 12월로서 해당 월력에 차이가 있다. 계절에 따른 자연 변화의 인식에 차이가 나기 때문인 듯하다. 광패에 적혀 있는 광光 글자도 하나후다에는 원래 없는 것이다.

    한국으로 전해지면서 와전된 것도 있다. 4월의 등나무는 흑싸리로, 5월의 창포菖蒲는 난초로 잘못 알려진 것이다. 영감으로 알려진 비광의 우산 든 인물은 '오노노도후' 小野道風라는 10세기의 유명한

서예가이다. 이 비광의 그림은 개구리가 버드나무에 뛰어오르기 위해 수없이 노력하는 것을 보고 인생사에서 노력의 중요성을 깨닫는 오노의 이야기를 형상화한 것이다. 또한 비피의 그림은 문짝같이 보이나 귀신을 상징한 것이다. 이 패는 귀찰鬼札로서 우레 · 북 · 새의 발톱 등을 그린 것이라 한다. 화투에서 초약, 비약, 풍약 등을 약約이라 부른다. 일본에서는 원래 역役[26]이었는데 야쿠やく의 발음을 한문으로 적으면서 와전된 것이다. 홍단, 청단 등에서 단短은 일본에서 화가和歌를 적는 긴 쪽지를 뜻한다.[27]

을사오적 이지용,
화투로 나라를 팔다

정치적 친일파들은 문화적으로도 일본의 화투를 좋아했다. 친일파들은 이왕이면 도박 중에서도 일본의 화투를 즐기려 하지 않았겠는가. 특히 '을사오적' 이라 부르는 인물 가운데 '조선 최대의 화투대왕' 이 숨어 있다. 을사오적이란 누구인가? 천인공노할 을사보호조약에 조인했던 '이완용, 박제순, 권중현, 이지용, 이근택' 이다. 이 가운데는 일생을 화투에 빠져 집안과 나라를 팔아먹은 도박꾼이 있다. 일제 강점기 전후로 매국 조약들에 조인했던 자들의 판단력을 의심할 수 있는 부분이다.

대개 친일파들의 오락은 화투판으로 채워지는 일이 많았다. 아래 기사를 보자.

재작일에 총리대신 이완용 씨 집 산정에서 모모 관인이 모여 화투판을 벌이고 노름을 한다는 말은 이미 게재하였거니와 다시 또 들은 즉 그때 노름하던 사람 중에 박기병 씨가 삼천환을 잃고 이완용 씨의 종질 이용구 씨가 오천 환을 얻었다더라.[28]

을사조약 체결당시 학부대신으로서 을사오적의 수괴 노릇을 한 '이완용'. 그는 미국통에서 친러파로 다시 친일파로 색깔을 바꾸어 간 카멜레온 같은 인물이다. 이완용의 집에서 관인들이 모여 화투판을 벌였는데 도박 규모가 제법 컸던 것으로 보인다. 당시 이완용은 견인증이라는 병을 안고 살았는데 고통을 잊기 위해서 화투로 세월을 보냈다고 한다.[29]

이 이완용말고도 '희대의 화투대왕'이라고 부를 만한 인물이 을사오적 중에 있다. 바로 '이지용'이다. 이지용은 사도세자의 5대손이며, 고종황제의 조카로서 왕족이다. 그는 1904년 외부대신서리로 1만 엔의 로비자금에 넘어가 한일의정서에 체결한 인물이다. 1905년에는 내부대신으로 을사조약에 찬성하였다. 이때 이지용은 "나는 오늘 병자호란시 최명길崔鳴吉이 되고자 한다. 국가의 일을 우리가 아니면 누가 하겠는가" 하고 흰소리를 했다고 한다.[30] 그는 친일행각 탓으로 기생에게까지 업신을 당하였다. 이지용이 진주기생 산홍山紅에게 자신의 첩이 되어 달라고 요청하였다. 이때 산홍은 유명한 말을 남겼다. "세상사람들이 대감을 5적의 우두머리라고 합니다. 첩이 비록 천한 기생이긴 하지만 어찌 역적의

희대의 화투대왕 이지용李址鎔(1870~1928). 그는 대표적인 친일파였다.

첩이 되겠습니까?"[31] 정말 기개 있는 기생이 아닌가.

이지용에게는 왕실의 체통과 고관으로서의 품격을 전혀 찾아볼 수 없었다. 그에게는 오로지 화투로 점철된 나날이 있을 뿐이었다. 그의 저택은 조선에서 가장 '거대한 판돈'이 오가는 도박장이었다. 이지용은 왕실로부터 물려받은 재산과 일본으로 받은 로비자금까지 모두 날려 버렸다. 결국 그는 용산강龍山江 근방에 세운 용산 강정江亭까지 팔아야 할 지경에 이르렀다. 1908년 이 누정을 1만 5천 원에 저당 잡혔으나, 여러 사람에게 빚을 갚고 나니 남은 것이 없었다.[32] 1910년 10월에는 아예 용산 강정을 방매하였다. 그러나 방매한 돈 1만7천 원은 불과 3, 4일 만에 잃게 되었다.[33] 이지용은 한꺼번에 수만 원씩을 판돈으로 걸었다고 한다. 1907년 국채보상운동이 벌어질 당시 조선의 국채총액이 1300만 원이다. 이지용의 노름돈을 합하면 나라를 살릴 정도이다. 현재의 억대 도박판도 이지용의 도박판에는 비교가 되지 않는다.

그러나 일제로부터 비호를 받던 이지용도 크게 낭패를 당한 적이 있었다. 누군가 고발을 했던 모양인지 판이 벌어지던 조한용의 집으로 일본 헌병들이 들이닥친 것이다. 이때 중추원 고문 이지용, 전판서 민영린, 전군수 조한용, 이범교 등 내로라하는 권력자들이 화투판을 벌이고 있었다. 화들짝 놀란 고위 관리들이 줄행랑을 쳤는데 그 꼴이 가관이었다. 담을 넘어가다 신을 잃어버리고, 포승줄에 묶여 애걸복걸하는 등 난장판이 벌어졌다.[34] 도망을 잘하는 이지용은 포박은 면하였지만 대신 얼굴에 중상을 입었다고 한다. 도주를 하다가 무엇에 부딪친 모양이다.[35]

> **〈대한매일신보〉 1910년 6월 18일 시사만평**
>
> 북부송현 깊은 곳에 화투국을 배설하고 은전지전 왕래 할 제 벽력성이 일어나니 달음박질 가관일세
>
> 개의 꼬리 삼년이라 매관매직 남은수단 허기증이 잔뜩 나서 쇳조각을 먹으려다 일장풍파 일어나니 이지용이 도망한다
>
> 당시 황실 척신으로 실제지탄 가련하다 돈맛조곰 보려다가 주먹맛만 흠신 보니 실혼락백 엇지할꼬 민영린이 애걸한다
>
> 이리저리 지대여서 호의호식 하더니만 협잡간계 충만하야 우중행인 동행터니 이 지경이 웬일인가 이범교가 붙들녓다
>
> 어림없는 저 인물이 탐학하던 여습으로 잡기판을 버렸다가 오동봉황 날러가며 살풍경이 박두하니 조한용이 사죄한다

〈대한매일신보〉
1910년 6월 18일의 시사만평란에는 위와 같은 풍자시가 실려 있다. 이지용, 민영린, 이범교, 조한용 등이 벌인 화투판을 조롱하는 내용이다. 이지용은 말할 것도 없고 민영린 역시 친일파의 대표적 인물이다. 그는 1910년 국권피탈 후 일제로부터 백작의 작위를 받았다. 풍자시의 내용으로 보건대 이들 도박꾼의 행적이 민중들의 지탄을 받고 있음을 알 수 있다.

    이지용은 1910년 한일합병의 대가로 백작이란 작위를 받았다. 하지만 여전히 상습적 도박병을 고치지 못하였다. 그는 1912년 2월에 도박사건으로 공판을 받게 되었다. 전 전북관찰사 김규희, 이왕직, 사무관인 이회구 등이 이지용의 저택에 모여 '짚고땅'이라는 도박을 하다가 도박죄로 걸려든 것이다. 역시 사상 초유의 도박판으로서 노름 밑천은 이데井出三郞라는 일본인이 댔다고 한다. 그는 현금 1만 원에다, 은행에서 수많은 수표를 끌어들였다. 이 도박판에서 이지용

1912년 2월 10일자 《매일신문》. 이지용의 도박 공판사건을 다루고 있다.

과 이규희는 약 4만 원을 잃었다고 한다. 물주였던 일본인만이 자릿세로 상당한 이익금을 챙겼다고 한다.[36]

골패세령을 제정한 일제의 의도

일제가 우리나라에 재정적 침탈을 자행하였다는 것은 누구나 아는 사실이다. 일제는 식민지 경영의 목적으로 수많은 세법을 만들어 세금을 거둬 들였다. 또한 담배, 인삼, 소금 등 특수물품에 대해서 전매를 실시함으로써 독점적 이익을 챙겼다. 일제가 얻은 수익은 제국주의를 팽창하는 데 자금으로 쓰였음은 물론이다.

그런데 일제가 도박용구에 대해서도 세금을 걷었다는 사실을 들어보았을까. 1930년대 들어서 일제는 도박용품에도 세율을 매기기 시작했다. 1931년 4월 15일에 공포된 이른바 '골패세령'이다. 골패세령의 골패는 전반적으로 도박을 통칭하는 용어로 쓰였다. 이 법령은 마작 1조에 3원, 종이로 만든 골패 1조에 20전, 종이가 아닌 골패 1조에 50전씩의 골패세를 부과하는 것이다. 또한 도박용품의 포장에는 인지를 붙여야 하고, 골패를 제조하거나 판매하려는 자는 면허를 받아야 한다고 규정하였다.[37] 골패세령의 시행을 위해서 일제는 사전준비를 철저히 하였다. 경성부 세무과에서는 각 상점의 판매품으로 남아있는 도박용품의 종류와 수량을 면밀히 조사했다. 조사결과 화투가 제일 많았고 그 다음이 마작이었다. 도박용품의 수량에서도 화투가 1위를 차지하고 있던 것이다.[38]

일제시대 면화생산에 동원된 한국인들. 일제는 우리나라를 원료생산지로 삼는 등 각종 침탈을 자행했다. 도박용구에 대한 세금까지 챙겨갈 정도였다.

골패세령의 공포는 이율배반적인 행위였다. 한편에서는 화투를 한다고 구속시키면서, 한편에서는 화투의 제조를 공식적으로 허락하고 있다니 말이다.

일제는 식민지 조선인들에게 무지막지한 칼날을 들이댔다. 골패세령을 위반하는 자에게 자그마치 과세고課稅高의 20배에 상당하는 벌금을 물어야 된다고 규정한 것이다.(제13조). 골패세령이 효력을 발한 지 한 달여 만에 일제의 법망에 걸려든 조선인이 있었다. 속된 말로 '시범타'에 걸려든 것이다. 강원도 철원읍에서 잡화상을 하는 '김수홍'이라는 백성이었다. 당시 《조선중앙일보》에서는 이렇게 보도하였다.

7장 | 친일파 이지용, 나라를 팔아 화투대왕이 되다-도박과 화투 | 181

사건인즉 강원도 철원읍 내에서 잡화상을 하는 김수흥이 얼마 전부터 넌지시 화투 같은 딱지를 약 1만 벌 만들어 가지고 그 중 6천 벌은 팔아 버리고 나머지 4천 벌은 또다시 밀매하려다가 경찰에 발각되어 ······ 조선골패령 제1조 제2호와 제13조를 적용해가지고 탈세액과 판매고의 20배가 되는 벌금으로 전기와 같은 2만 4천 80원을 징수하기로 구형한 것이라 한다. 그리고 이 사건의 판결을 25일에 내리기로 되었으며 벌금을 납부하지 못하는 경우에는 체형體刑을 받게 되리라 하는데 이만한 거액의 벌금을 물게 되는 사건은 근래에는 없는 큰일이라 한다.[39]

당시 화투의 수요가 상당하지 않은가. 김수흥은 1월 10일부터 1월 31일까지 화투 1만 조를 제조해서 남대문시장의 각 상점에 2월 1일부터 13일까지 6천 조를 판매했다고 한다.[40]

화투 6천조를 각 20전씩 팔았으므로, 이 수입에 20배의 과세를 부과하면 약 2만 4천 원이 아닌가. 어마어마한 벌금이다. 실제로 6월 24일에 열린 경성복심법원에서는 검사의 구형대로 벌금 2만 4천 8백 원의 선고가 있었다.[41] 아마 추측건대 김수흥은 파산하고 빚더미에 앉거나, 벌금을 감당하지 못해 모진 체형을 감내해야 했을 것이다.

일제는 조선골패세령을 통해서 막대한 수입을 올렸다. 골패세령이 공포되고 일년 만에 평양 세무 감독국 관내에서만 15만 8천 조 이상의 도박용품이 생산되었고, 세금으로 약 2만 1천 원의 거액을 거두어 들였다.[42] 일제는 골패세령을 제정한 목적을 충분히 달성한 셈이다. 그러나 조선인의 입장에서는 안타까운 일이 아닐 수 없다. 평양 세무국 관내에서만 1년 동안 16만 벌 가량의 화투, 투전, 골패 등이 판매되었다면 도대체 서울은, 그리고 전국에서는 도박용품이 얼마나 많이 판매되었다는 말인가. 정치적 좌절이 도박의 탐닉을 일으킨다는 심리학적 분석이 있다. 과연 식민지 조선 민중의 정치적 좌절감이 도박에 몰두하도록 부채질했을까? 이 또한 근대의 도박사賭博史에서 다루어야 할 중요한 과제일 것이다.

더 | 읽 | 을 | 거 | 리

"치~, 펑~, 훌라~"
중국인 요리집의 마작 소리

일제강점기 외세에 의해서 유행한 또 하나의 도박이 있다. 바로 중국인의 마작麻雀이다. 마작은 '마장麻將'이라고도 한다. 당시 요리집, 기생집 등지에서 "치~, 펑~, 훌라~"등 마작치는 소리를 듣기가 어렵지 않았다. 어느 신문에서는 당시 마작의 유행을 '완연한 마작광 시대'라고 표현할 정도였다. 마작패는 중국에서 수입하여 들어오는 경우가 많았다. 1930년대 초반, 마작도구 한 벌에 15원 이상이었는데 마작 도구의 수입 비용만 해도 15만 원에서 50만 원으로 추정되었다.

마작이 현재의 모습을 갖춘 시기는 광서光緒(1875~1908)의 초년이라고 한다. 절강성 영파寧波에 살던 진어문陳魚門이란 자가 풍패 16매를 만들어

마작을 즐기고 있는 현대인들.

넣고, 꽃패를 정리해서 136매의 마작을 확립시켰다. 이 마작은 빠른 속도로 중국 본토에 퍼져나갔다.[43] 마작이 조선에 들어온 시기는 정확히 밝혀지지 않았다. 고신문에서 1910년대까지 마작 관련 기사가 확인되지 않는 것으로 보아 1920년 이후로 추정될 뿐이다.

   1920년대 후반부터 마작의 피해가 집중적으로 나타난다. 마작으로 인해 백만장자가 순식간에 파산했다거나, 어느 부잣집 자제가 경영하던 회사가 하룻밤에 넘어갔다는 기사를 볼 수 있다. 마작은 일상생활 자체를 망가뜨리는 병폐를 갖고 있었다. 마작 한판을 아무리 빨리 해도 1시간 30분은 걸린다고 한다. 또한 마작은 반드시 4명이 모여서 게임을 해야 한다. 따라서 저녁을 먹고 게임을 시작하면 거의 하루 밤을 지내기 일쑤였다. 당시의 대중잡지 《삼천리》에서는 〈여론의 위력으로 마작을 철저히 박멸하자〉라는 글을 통해서 마작이 오락이 아닌 이유를 아래와 같이 밝히고 있다.[44]

1. 마작은 그것을 하는 시간이 너무도 길어서 밤을 밝히는 것
2. 마작은 하는 도구, 하는 장소, 내기 등 비용이 많이 드는 것
3. 마작은 지식을 증진시키지 못하고 정신을 혼탁게 하는 것
4. 마작은 하는 사람의 어깨를 졸라매고 가슴을 좁게 해서 호연한 원기를 도리어 말살시키고 돈내기, 담배내기로 승부를 결하는 것이어서 순전한 도박성을 가진 것
5. 마작은 풍기를 해하고 범죄를 양성할지언정 교화는 결코 못되는 것 등이다.

마작에 대한 일제의 정책은 일관되지 않았다. 도박으로 금하기도 했지만 곳곳에서 공식적인 마작대회를 허용하기도 했다.[45] 더구나 '마작구락부麻雀俱樂部'라고 하는 오락업소를 허가하기도 하였다. 구락부俱樂部는 클럽(club)을 일본식으로 한자표기한 것이다. 1932년에 이르러서는 종로 경찰서 관내에만 60여 개의 마작구락부가 영업을 하고 있었다고 한다.[46]

표면상 동호인들의 오락을 목적으로 영업한다지만 실제로는 '열린 도박장'이었다. 마작도박은 물론이고 화투도박까지 벌이기도 하였다. 1932년 4월 8일 《중앙일보》에는 〈마작구락부서 화투하다가 과료에 영업까지 취소〉라는 제하 기사가 실려 있다. 일본인이 운영하는 마작구락부에서 도박꾼 4명이 '록박구六百'라는 화투놀이를 하다가 영업이 취소되었다는 내용이다. '록박구'는 화투놀이 중에서 육백을 말하는 것 같다. 일제가 마작구락부의 영업을 허가해준 것은 골패세령과 마찬가지로 세금을 확보하기 위해서였다. 따라서 마작구락부에서 버젓이 도박을 하여도 제대로 점검하지 않는 경우가 많았다. 갑작스럽게 감찰을 한다면, 그것은 조선인이 운영하는 마작구락부가 주 대상이었다.[47]

일제강점기에 중국인들에 의해 유행한 도박으로 '36계'란 것도 있었다. 이것은 '야바위'의 일종이다. 1980년대까지만 해도 종로거리에서 이 야바위꾼을 쉽게 볼 수 있었다. 야바위는 1~6까지 숫자를 쓴 나무패 조각을 엎어놓으면 짚어서 알아내는 노름이다.[48] 사실상 이 36계는 사기성 도박이었다. 중국인 사기 도박꾼은 조선 각지를 돌아다니면서 36계 도박을 잠행하여 조선인의 금전을 강탈하였다. 무지한 조선인 중에는 이들에게 속아서 가옥과 전답을 파는 일까지 있었다.[49] 외국인들의 추한 도박행각은 일본인뿐만 아니라 중국인 역시 마찬가지였던 것이다. 민족의 운명과 마찬가지로 도박계의 운명도 외세에 의해서 침탈되고 있던 셈이다.

화투놀이는 개별화, 파편화되어가는 자본주의 사회의 놀이문화와 도 성격이 맞아떨어졌다. 특히 고스톱은 종래의 화투놀이와는 다른 독특한 재미를 안겨주었다. 규칙의 개방성, 드라마틱한 전개방식, 긴박하고 빠른 판의 회전, 아슬아슬한 승패의 갈림, 언제든지 돌아오는 만회의 찬스 등 종전에는 느낄 수 없는 재미가 있었다. 고스톱은 번창할 수밖에 없었다.

八장

고스톱은 대한민국의 축소판이다
도박과 고스톱

한국의 고스톱,
영원한 고go!

1985년 6월 《조선일보》의 사회면에 '고스톱 열풍'이라는 제목의 글이 실렸다.

> 오나가나 고스톱판이다. 몇 해 전까지만 해도 명절 때 친지들끼리 심심파적 거리로 또는 상가집 등에서 밤샘을 위한 놀이 정도였던 화투놀이 '고스톱'이 최근엔 공무원, 회사원, 상인, 운전사, 학생 등은 물론 가정주부 사이에서까지 유행처럼 번지고 있다. 장소도 기껏해야 뒷골방 등이 즐겨 이용되던 것은 이미 옛말이고 사무실, 주차장, 목욕탕 등으로 확산되었고, 등산로나 한길가 등에까지 버젓하게 고스톱판이 벌어지고 있다.[1]

열풍熱風은 광풍狂風과도 같았다. 대한민국 전체가 고스톱에 홀린 듯이 화투판이 형성되었다. 식당의 음식내기 고스톱, 유원지의 행락 고스톱, 명절날의 가족친지 고스톱, 룸살롱의 술판 고스톱, 사우나탕의 목욕 고스톱, 공항로비의 항공 고스톱……. 시간과 장소를 가릴 것 없이 대한민국이 고스톱으로 물결치고 있었다. '앨빈 토플러의 『제3의 물결』이 무엇이냐'는 질문에 '홍수처럼 밀려오는 고스톱의 물결'이라고 답했다는 일화가 있다. 단순한 농담거리로 보기 어렵다.[2]

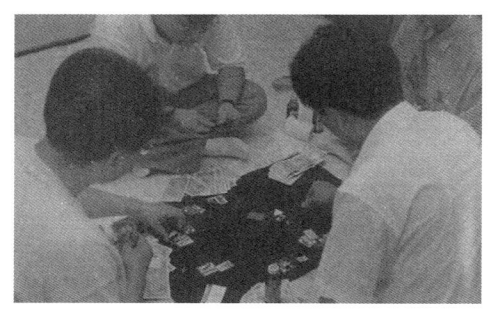

한국인의 고스톱.

고스톱의 폐해는 어느 도박도 따라올 수 없었다. 억대 도박판이 벌어지고, 주부들이 가출을 하고, 외국에서 강제 귀환되는 일도 있었다.[3] 승합차 안에서 고스톱판을 벌이다가 버스와 큰 충돌사고를 일으키기도 하였다. 어처구니없는 살인사건도 있었다. 사건의 발단은 '오동피를 피 두 장으로 인정하느냐 마느냐' 였다.[4] 피 한 장이 사람의 목숨을 빼앗게 된 것이다. 고스톱 망국론이 등장한 것은 당연한 결과였다. 로마제국이 멸망한 이유의 하나로 도박의 유행을 들면서 고스톱을 자제해 달라는 목청도 높아졌다.[5]

20년이 지난 지금은 어떠한가? 2005년 현재도 고스톱 놀이는 명절날은 물론이고 상갓집에서, 돌집에서, 집들이에서, 야유회에서 줄기차게 벌어지고 있다. 세계화 시대를 맞이해 '어글리 코리안(ugly korean)'의 표상인 국제공항 로비에서의 고스톱판이 자제되고 있을 뿐, 고스톱은 이제 우리나라의 세시풍속으로 정착되었다는 느낌이 들 정도다. 고스톱 망국론을 넘어서 현실론과 긍정론까지 등장하고 있다. 고스톱의 대세를 인정하고 건전한 놀이문화로 정착시키자는 현실론, 고스톱 놀이가 노인들의 치매예방에 좋다는 긍정론이 대두되고 있는 것이다. 고스톱의 광풍을 잠재우기에는 힘이 벅찼던 탓일까? 대한민국을 '고스톱 공화국'으로 명명시켰던 최대의 히트 도박, 고스톱. 그 힘의 실체는 무엇일까?

민화투, 육백, 나이롱뽕,
그리고 고스톱

고스톱이란 영어의 고(go)와 스톱(stop)을 합하여 만든 단어이다. 이것은 3점을 얻은 사람이 게임을 계속 할 것인지(go), 아니면 말 것인지(stop)를 결정할 수 있는 데서 유래했다. 고스톱은 새 다섯 마리를 뜻하는 고도리こどり라 부르기도 한다. 매조 열의 휘파람새(한 마리), 흑싸리 열의 두견새(한 마리), 공산 열의 기러기(세 마리)를 모으면 5점을 확보하는 데서 생겨난 말이다.

한국에서는 고스톱말고도 수많은 화투놀이가 있었다. 대표적인 것이 민화투, 육백, 나이롱뽕(빵) 등. 지금은 앞자리를 내주고 물러섰지만 이 놀이들도 그 나름대로 유명세를 탄 적이 있었다. 사실 고스톱의 룰을 보면 이들 화투놀이의 방

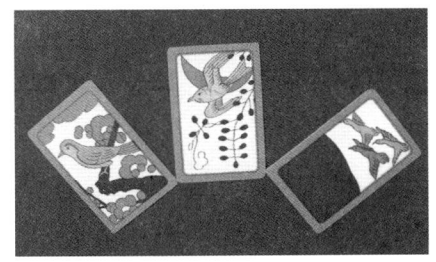

고도리 패.

식이 포함되어 있다. 100년 간 한국사회에서 벌어진 수많은 화투놀이의 경험이 고스톱에 응축된 것이다. 그렇다면 잠깐이라도 고스톱의 선배인 민화투, 육백, 나이롱뽕 등을 훑어봐야 예의가 아닌가.

민화투의 '민'은 변화가 적고 단순한 것을 뜻한다는 견해가 있다. 민화투의 놀이방법이 비교적 간단하기 때문이다. 민화투는 1월에서 12월까지 각각의 월력에 해당되는 패들을 서로 쳐서 모으면 된다. 쉽게 생각하면 비슷한 그림끼리 맞추다보면 민화투가 되는 것이다. 다만 광, 열, 띠, 피의 구분이 있고, 이것에는 해당점수가 있다. 광은 20점, 열은 10점, 띠는 5점이며 피는 점수가 없다. 또한 약을 하면 20점, 단을 하면 30점을 얻게 된다. 약은 초약, 풍약, 비약이 있고, 단으로는 홍단, 청단, 초단이 있다. 민화투는 기리패가 없어질 때까지 진행되며, 점수가 가장 높은 사람이 승리한다.

육백은 600점을 얻으면 승리하는 화투놀이이다. 승점을 얻으면 도중에 끝날 수 있다. 육백에서 화투패는 광, 열, 띠의 구분이 흐려지고 50점짜리, 10점짜리 두 개로 나누어진다. 50점짜리를 '다이'라고 한다.[6] 육백에서는 약과 단이 매우 많다. 빠이(100점), 대포(300점), 싯까(300점), 송동월(150점), 칠띠, 오광 등이 있다. 칠띠나 오광을 하면 점수와 상관없이 승리를 하게 된다. 나이롱뽕은 상대편이 패를 버릴 때 같은 소속의 패 2개를 가지고 있으면 '뽕'이라 부르면서 패를 버리는 놀이이다. 패를 버리다가 손패가 2장 이하로 남았으며, 이 패의 끗수를 합친 점수가 5점 이하면 스톱을 부를 수 있다.[7] 나이롱뽕은 서양의 카드놀이 중 포커 게임(poker game)의 방식을 수용하였다. 나이롱뽕에서 트리플은 자연뺑, 페어는 또이또이, 스트레이트는 나라시, 포카드는 넙덕이 또는 망간이라고 한다.[8] 각각에는 해당 점수가 있으며, 일정한 점수를 확보하면 승리할 수 있다.[9]

최봉영 교수는 화투놀이를 한국인의 규범의식과 연결시켜 보았다. 즉 50~60년대의 민화투는 경법적經法的 규범의식과 일치하고, 60~70년대의 육백과 나이롱뽕은 권도적權道的 규범의식과 일치하고, 70~90년의 고스톱은 권술적權術的 규범의식과 일치한다는 것이다.[10] 화투놀이를 한국사회가 흘러온 맥락과 연계시켰다는 점은 매우 중요하다. 그는 고스톱에서 피가 중요하게 된 것은 민주화의 흐름 속에서 점차 커진 민중의 정치적 역량을 보여주는 것이요, '설사·판쓸이·쪽'이 일반화된 것은 한국 자본주의의 불안전한 일면과 치열한 생존경쟁을 보여주는 것이라 설명하였다. 흥미로운 분석이다. 그런데 통시적으로 보면 한국의 화투놀이가 '민화투→육백·나이롱뽕→고스톱'의 발전경로를 겪었다고 단언하기는 어렵다. 예컨대 육백도 이미 1930년대부터 있던 화투놀이였기 때문이다.[11]

그렇다면 고스톱은 어떻게 생겨난 것일까? 도박의 특성상 정확히 판단하기는 어렵다. 먼저 일본의 영향을 생각해보자. 화투의 본국 일본에서는 이미 1920년대에 30여 종에 달하는 화투놀이가 있었다. 한국의 고스톱과 비슷한 화투놀이도 개발되었다. '고이고이(오라오라)'를 바탕으로 '하치하치(팔팔)'를 가미한 화투놀이로, 어느 학자는 이것이 1960년대에 한국으로 수입되었다고 본다.[12] 이것이 바로 고스톱일까. 하지만 이 놀이를 바로 고스톱이라고 단정하기는 어려워 보인다. 방법, 기술, 용어 등에서 한국의 고스톱은 다양하고 이질적인 문화가 복합되어 나타나기 때문이다. 설령 일본에서 수입되었다고 해도 한국의 문화에 적응하기 위해서 수많은 변형이 가해졌을 것이다. 특히 정치풍자, 사회풍자의 변형고스톱은 한반도에서 만들어진 것임이 틀림이 없다. 또한 고스톱의 방법을 보면 1970년대, 1980년대, 1990년대가 조금씩 차이가 있다. 이는 고스톱이 여전히 현재진행형이며 끊임없이 재창조되고 있다는 증거이다.

여가의 사회학과 고스톱

과거 우리의 놀이문화는 일(노동)과 동떨어진 것이 아니었다. 농촌의 이른바 '두레'라는 것은 일과 놀이가 결합된 공동노동조직이다.[13] 손으로 하는 농사일에서 농요와 풍물 등을 빼놓는다면 엄청난 고역이 아닐 수 없다. 두레라는 공동체 모임을 통해서 '일하듯 놀고, 놀듯 일하는 것'이 자연스러웠다. 하지만 산업화 이후 각종 기계와 영농방법 등이 도입되면서 종래의 일·놀이의 공동체 문화는 빠르게 해체되었다. 중요한 것은 일과 놀이가 구분되면서 종래의 놀이는 갈 곳을 잃었다는 점이다. 또한 공동체 문화가 분해되면서 개별화·파편화 양상을 보였는데, 이에 걸맞은 놀이문화는 창조되지 못했다.

두레 논일 장면(충청남도 논산군 상월면 대명리 두레/국립민속박물관편, 「한국의 두레」).

이것은 '여가의 사

회학'이란 측면에서도 중요한 논의이다. 즉 우리나라가 자본주의 사회로 이행하면서 대중들이 여가를 어떤 방식으로 향유했는가와 관련된 문제이다. 여가연구가인 김문겸도 비슷한 결론에 도달한다. '농업 노동에서 상업 노동 중심의 경제로 급격히 변모하면서 한국인의 생활양식에 커다란 변화가 일어난다. 우리의 전통적인 여가문화의 붕괴현상도 함께 벌어진 것이다.'라고 말이다.[14] 요컨대 '놀이문화의 공동화空洞化 현상'이 벌어진 것이다. 전통적 놀이문화가 붕괴되었지만 대안적인 놀이문화는 창출되지 못하는 상태, 이것이 바로 산업화로 이행하는 한국인 놀이문화의 자화상이었던 것이다.

또한 종래의 세시풍속이 무너지고 토·일의 주말을 기점으로 휴일여가가 정착되었지만 마땅한 놀이문화는 없었다. 이때 그 틈을 파고든 것이 바로 화투놀이가 아닐까? 화투놀이는 개별화, 파편화되어가는 자본주의 사회의 놀이문화와도 성격이 맞아떨어졌다. 특히 고스톱은 종래의 화투놀이와는 다른 독특한 재미를 안겨주었다. 규칙의 개방성, 드라마틱한 전개방식, 긴박하고 빠른 판의 회전, 아슬아슬한 승패의 갈림, 언제든지 돌아오는 만회의 찬스 등 종전에는 느낄 수 없던 상당한 재미를 안겨다 주었다.[15] 그리하여 고스톱이 번창할 수 있는 토대가 형성되었다.

1989년도 한국응용통계소가 설문조사한 결과를 보자. 10대 이상의 남녀 1,470명을 대상으로 조사를 하였다. '고스톱을 해본 경험이 있는가?'란 첫째 물음에 87.6%의 응답자가 '있다'라고 대답했다. 10명중 9명은 고스톱을 쳐본 경험이 있는 셈이니, 국민오락이라는 표현도 틀린 말은 아니다. '평소에 고스톱을 어느 정도 즐기는가?'

라는 질문에는 '자주'가 '18.8%', '가끔'이 '54.5%'로 응답자의 '73.3%'가 '즐긴다'라고 답변했다. 한국인 여가문화의 상당수가 고스톱으로 채워지고 있다는 것을 알 수 있다. '주로 어느 장소에서 하는가'라는 질문에는 '자택'이 25.6%, '친구나 친지집'이 42.3%, '숙박 및 유흥업소'가 8.2%, '야외에 놀러가서'가 9.0%이었으며, '장소를 가리지 않고'라는 답변도 14.9%에 달했다.[16] 특별히 장소를 가리지 않고 고스톱을 즐기고 있는 것이다. 고스톱판이야 모포 혹은 신문지 한 장에다 화투만 있으면 끝이다. 통계결과로 보건대, 시간과 장소를 불문하고 고스톱이 여가문화에 깊숙이 들어왔음을 알 수 있다. 그런데 고스톱의 확산에 대해서는 모두들 부정적인 생각을 갖고 있었다. '바람직하지 못하므로 없어져야 한다'가 26%, '바람직하지는 않지만 어쩔 수 없는 현상이다'가 60.4%로 응답하였다. 고스톱을 좋아하는 한국인들도 고스톱의 대유행에 대해서는 별로 마뜩치 않은 생각을 가진 모양이다.

고스톱은 자본주의의 시뮬레이션 게임?

'천민자본주의賤民資本主義'는 독일의 사회학자 M.베버가 사용한 사회학 용어이다. 이것은 전근대적이고 비합리적인 자본주의를 말한다. 한국의 자본주의도 천민자본주의적 특성이 곳곳에서 드러난다. 그도 그럴 것이 수십 년 만에 고도성장으로 일구어낸 자본주의가 제대로 알곡을 맺었을 리 없다. 저임금과 저곡가, 계급갈등, 부동산 투기, 부실공사, 정경유착, 부정부패와 각종 비리 등 7·80년대 경제 성장의 그늘은 참으로 어두웠다. 고스톱을 가만히 보면 이러한 급속한 산업화·근대화의 특징이 담겨 있다. 한국의 자본주의가 흘러온 사회적·문화적 흔적이 고스톱에 있다고 생각될 정도이다.

고스톱은 '자본주의 생존경쟁을 위한 시뮬레이션 게임'이라는 말이 있다. 말 그대로 고스톱판이 삶의 모형경기라는 것이다. 이것은 화투꾼들이 현실 속의 복잡한 삶을 화투놀이 속에 단순한 형태로 축소시켰다는 표현이다.[17] 이에 대한 반론은 만만치 않게 나올 수가 있겠다. 하지만 고스톱의 용어, 기술, 방법 등을 살펴보면 한국사회와 닮아 있음은 사실이다.

먼저 고스톱판에서 터져 나오는 말들을 보자. 쓰리고, 따따블, 판쓸이, 설사, 광박, 피박, 소당, 독박, 광팔기, 나가리 등 국적불분명의 이질적이고 혼합적인 용어가 사용되고 있다. 우리나라는 일제강점기와 미군정기를 거쳤고, 한국전쟁과 원조경제를 겪으면서 유입된 수많은 외래문화가 복합되었다. 고스톱과 고도리라는 용어만으로도 외래문화가 뒤섞인 속칭 '잡탕문화' 임을 알 수 있다. 잡탕문화 속에서 종래의 전통문화를 골라내기가 어려울 정도이다.

다음은 고스톱의 놀이 내용 중 몇 가지만 살펴보자. 판이 끝났을 때 일정 피를 못 갖추면

1995년 6월에 일어난 삼풍백화점 붕괴사고. 이 참사는 '빨리빨리' 성장주의가 불러낸 비극이었다.

'피박'이요, 광을 하나도 못 챙겼으면 '광박'을 당한다. 이 박을 쓰면 승점을 두 배로 물어주어야 한다. 우리는 바캉스 계절에 속칭 '바가지를 쓰는 일'이 많다. 바가지는 수요가 많은 특정계절을 이용해서 부당한 폭리를 남기는 짓이다. 부당한 폭리는 바캉스 계절만이 아니다. 국가의 힘을 이용하여 독과점으로 커왔던 기업은 얼마나 많은가. 이들은 폭리를 남겼고 재벌이라는 배지를 달기도 했다. 바캉스 해변의 바가지와 별반 다르지 않다.

고스톱 판에서는 우리사회의 병리현상인 '한건주의'와 '한탕주의'도 찾을 수 있다. 고스톱의 판쓸이는 '한 건' 하는 것이다. 깔린 패를 모두 쓸어오는 '판쓸이'를 하면 상대방으로부터 피까지 챙길 수 있다. 설사는 어떤가? 자신이 먹은 것과 동일한 패를 뒤집는 '설사' 또한 피를 하나씩 받아 챙길 수 있다. 그래서 기리패를 뒤집으면서 '설사, 설사' 외친다. 판쓸이와 설사뿐만 아니라 피박에 쓰리고에 흔들기까지 하면 어떠한가? 이건 '완전한 한탕'이 아닌가. 이는 한국의 천민자본주의에 깔려 있는 요행수로 볼 수도 있겠다. 우리사회의 지배층 가운데는 정직한 길을 걷기보다는 한 몫 잡는 요행으로 올라간 자들이 적지 않다. 각종 권력 비리를 통해서 금자탑을 쌓은 자들을 보면 누구나 그런 마음이 생긴다. 모두들 한 푼 두 푼 저축하기보다는 한탕의 기회를 노리는 것이다. 판쓸이, 설사, 쓰리고를 외치는 마음에는 이런 투기심이 적지 않게 배어 있다.

이런 잣대로 고스톱을 보는 것이 지극히 부정적인 시각에 의한 것이라고 비판하는 분들도 있을 것이다. 물론 '삐딱한 눈'으로 고스톱을 바라보았음은 인정한다. 그러나 우리가 고스톱을 하면서 흥분하고 몰입하는 이유를 찬찬히 따져보자. 고스톱에서는 매우 불규칙하면서도 상상을 초월하는 일들이 벌어지기 때문이 아닌가. 쓰리고를 하다가 오히려 고바가지를 당하는 게 고스톱이다. 이것은 1980년대 이후 한국적인 고스톱의 특징이다. 고속 성장은 구가했지만 늘 불안했고, 늘 빨리 움직여야 했던 시절이었다. 이러한 시대상을 백성들이 고스톱에 반영시킨 것이라 해석할 수 있다. 특히 정치풍자, 사회풍자를 고스톱의 놀이에 수용했던 변형고스톱을 보면 더욱 그렇다.

변형고스톱은 풍자와 해학

1980년대 이후 수많은 변형고스톱이 생겨났다. 『고스톱 백과』에 실린 각종 변형고스톱을 보자.[18] 정치풍자 인명 고스톱으로는 전두환 고스톱, 김재규 고스톱, 박정희 고스톱, 최규하 고스톱, 이민우 고스톱, 김영삼 고스톱, 김종필 고스톱, 노태우 고스톱, 이순자 고스톱 등이 있다. 웬만한 현대의 정치인들은 인명 고스톱의 한 자리에 등재되어 있다. 자신의 이름이 인명 고스톱에 없다면 조금 서운한 생각이 들지 않을까. 사회풍자 고스톱으로는 5공비리 고스톱, 5공비리 청산 고스톱, 아웅산 고스톱, 사우디 고스톱, 차이나 고스톱, 삼풍 고스톱 등이 있다. 고스톱이 발 빠르게 움직이고 있음을 알 수 있다. 사회에서 이슈로 대두되는 문제를 금방 고스톱에 차용시키고 있는 것이다.

이를 다 살펴보기에는 무리이니 몇 가지만 보도록 하자. 정치풍자

인명 고스톱의 태두는 역시 전두환 고스톱이다. 전두환 고스톱은 싹쓸이를 했을 때 피 한 장씩을 받는 것이 아니라 상대방에게서 원하는 패를 가져오는 것이다. 청단, 고도리, 5광 등 무엇이든 부족한 패가 있다면 뺏어올 수 있다. 전두환 전 대통령은 유신정권의 몰락 이후 무력으로 정권을 장악한 신군부의 핵심인물이다. 전두환 고스톱은 그가 정권을 장악하는 과정을 빗대어서 보여준다. 최규하 고스톱은 이와 정반대이다. 최규하 고스톱은 싹쓸이를 했을 때 오히려 상대방에게 피 한 장씩을 나누어주어야 한다. 신군부의 권력장악으로 최규하 전 대통령은 그야말로 '팽烹' 되는 처지였다. 그의 정치적 처지를 그대로 고스톱에 담고 있는 것이다. 이외에도 박정희 고스톱은 3선개헌을, 노태우 고스톱은 6·29 선언을, 김종필 고스톱은 김종필 씨의 수많은 부활을 풍자하여 만든 것이다.

사회풍자 고스톱은 어떠한가. 5공비리 고스톱은 난초열(5), 팔공산열(공), 비열(비), 매조열(리)을 모두 얻으면 10점을 주는 것이다. 아웅산 고스톱은 풍열(10)을 먹은 뒤에 기리패를 뒤집어서 국진 피(9)를 먹으면 상대방의 피를 모두 가져오는 것이다. 아웅산 사건 발생일이 10월 9일이며, 폭파사건으로 인하여 죽은 자와 산 자의 처지가 판연하게 달라짐을 풍자한 것이다. 삼풍 고스톱은 삼풍백화점 붕괴사건을 빗댄 것이다. 패를 돌렸을 때 풍 세 개가 한꺼번에 들어오는 일이 생기면 선과 기리한 자가

5공비리와 관련된 청문회 모습. 5공비리를 풍자해 '5공비리 고스톱'이 만들어졌다.

책임을 지는 것이다. 책임이란 점수의 배에 해당되는 돈을 지불하는 것이다.

변형고스톱에서의 풍자를 어떻게 이해할 수 있을까? 고스톱에서의 풍자는 진정한 풍자로 보기에 함량미달이라는 지적도 있다. 물론 고스톱에서의 풍자는 소시민적이며 세련되지 못한 풍자이다. 그러나 어차피 화투판에서 촌철살인 식의 풍자를 기대하기는 어렵지 않은가. 문제는 왜 고스톱에 이러한 정치사회 풍자를 끌어들이려고 했는가에 있다. 문학도, 예술도, 연극도 아닌 음지의 화투판에서 말이다.

이것은 변형고스톱이 유행한 시기와 연관되어 있다. 변형고스톱은 다름 아닌 5공화국 시기에 크게 성장했다. 현대사에서 5공화국은 어떤 시기인가. 군사쿠테타로 입성한 신군부는 어느 때보다 시퍼런 칼날을 휘둘렀다. 정권의 정당성이 없었으므로 그들은 사회정화운동에 주력했다. 하지만 부정부패와 친인척 비리는 연일 끊이지 않았다. 음지의 화투꾼일지언정 군부와 정치를 대상으로 돌을 던지고 싶었던 시기가 아닌가. 그런 심정들이 화투에 담기게 되었다. 전두환, 노태우, 김종필 등 당대 최고 권력자들을 노름판에 대입시키면서 권력 행태와 정치판을 희화화시켰다. 대담한 풍자는 아니지만 소시민 나름대로의 해학이 발현된 것이 아닌가. 따라서 고스톱 풍자 역시 소외에 대한 반항, 억압기제에 대한 대응으로 볼 수 있다. 그 대응의 질이 심도 깊지 못할지라도 '풍자는 풍자' 이다.

국가가 불법적 도박과 합법적 도박에 양다리를 걸치는 것은 언젠가 큰 위기를 불러일으킬 것이다. 당장은 재정적 위기를 모면하고 세원을 확보할 수 있다. 그러나 도박의 폐해는 점차 사회적 위기로 이어지고, 사행산업은 제어할 수 없을 정도로 공룡처럼 커지고 있다. 브레이크 없는 자동차가 내리막길로 돌진하는 형국이다.

九章

자본주의 국가는 언제나 양다리를 걸친다 도박과 국가

금禁도박과 친親도박의 양다리

국가는 흔히 도박을 금지하는 윤리적 주체로 생각된다. 도박으로 인한 피해가 사회적으로 불거졌을 때 여론은 당장 관계당국은 무엇을 하느냐고 호통을 친다. 국가는 도박을 의무적으로 금지하고, 국민들의 도박행위를 절제시킬 책임이 있다고 여기기 때문이다. 한편 형법상으로도 도박은 명확히 불법적 행위에 속한다. 물론 모호하게나마 일시적 오락에 불과한 것은 도박으로 보지 않는 예외규정은 두고 있다.[1] 이 법에 의거하여 국가는 각종 도박행위를 금지할 수 있는 칼자루를 쥐고 있는 것이다.

그런데 웬일인지 자본주의 국가는 친親도박의 편에 서 있다는 의심을 받고 있다. 소위 '사행射倖산업' 때문이다. 사행射倖이란 말 그

미국의 카지노 풍경. 과연 자본주의 국가는 금도박의 윤리적 주체인가?

대로 '뜻밖의 행운을 노리는 것'이다. 대표적인 사행산업으로는 경마·경륜·경정·카지노·복권 등이 있다. 흔히 '레저 산업'이라는 탈을 쓰고 있지만 한 꺼풀 벗겨보면 그야말로 '도박산업'이다. 국가가 이 도박산업에 직·간접적으로 손을 대고 있다. 국가가 직접 사행산업을 맡아서 운영하는 일도 있고, 공단과 법인 등을 만들어 이익금의 일부를 거둬들이기도 한다.

1998~2003년 도박산업의 시장규모 추이							
		1998년	1999년	2000년	2001년	2002년	2003년
매출액 (억원)	경마	29,500	34,200	46,229	60,163	76,491	61,729
	경륜	3,384	5,956	12,243	20,742	29,143	24,122
	복권	3,209	4,216	5,074	7,063	10,145	42,230
	강원랜드			2,679	18,156	21,336	27,700
	경정					1,223	3,266
	합계	36,093	44,372	66,225	106,124	138,329	159,047

(출처: 『레저백서 2004』)

많은 사람들은 이 사실에서 두 가지 문제점을 제기할 것이다. 첫째는 금도박의 책임을 지고 있는 국가가 이율배반적인 행위를 한다는 점이다. 물론 이 산업들은 각종 특별법을 통해서 합법화라는 과정을 거쳤다. 하지만 금도박의 담당자인 국가가 앞장서서 사행산업을 부추긴다는 것은 이해가 가지 않는 대목이다. 둘째는 사행산업에서 나온 엄청난 이익금은 바로 국민들의 호주머니에서 나왔다는 점이다. 더구나 사행산업에서 돈을 잃은 사람들은 부자들이 아니라 대부분 '가난하고 없는 자'들이다. 정부 관계자들은 수익금의 일부를 사회복지예산에 썼다고 강변할 수 있다. 그러나 빈자貧者에게 거두어 빈자에게 준다는 정책이 어떤 의미가 있는지 모르겠다.

  2002년 우리나라에서 사행산업이 고도성장을 이루었을 때, 그 규모가 14조 원에 달했다. 그 해 우리나라 국민이 도박산업에서 잃은 돈만 4조 원이라고 한다. 2002년 정부의 일반회계예산이 약 106조 원이었으니 사행산업의 규모를 짐작할 만하다.[2] 객관적인 통계는 없지만 사행산업에 비하면 고스톱판의 노름돈은 그저 쌈짓돈 정도에 지나지 않는다. 더욱이 사행산업으로 인한 폐단은 고스톱보다 심각하다. 그러므로 현대사회에서 그 치부를 드러내고 논의해야 할 대상은 바로 카지노, 경마, 복권 등과 같은 사행산업이다. 동시에 사행산업을 운영하고 허가하는 국가라는 존재도 도마에 오를 수밖에 없다. 어쩌면 이들이 현대 자본주의의 진면모를 가장 잘 보여주는 프리즘일지 모른다.

경마, 사행산업의 선두주자

우리나라의 사행산업 중에서 긴 역사를 갖고 있는 것이 경마이다. 1914년, 일본인에 의해서 서구식 경마가 최초로 용산 연병장에서 실시되었다. 이후 평양과 경성 등지에 승마구락부가 생겨났고, 폭발적인 인기를 누리게 되었다. 조선총독부는 정책적으로 승마구락부와 경마대회를 지원해주었다. 예컨대 1921년 5월 7일·8일 용산 연병장에서 열린 경마대회를 위해서 자동전화와 수도를 임시로 가설해주었다. 또한 인천에서 경성까지 임시열차를 운행하였고, 참가하는 말의 수송료를 깎아주는 등 각종 지원책을 마련했다.[3] 이는 사회적 관심을 스포츠로 전환하고 전쟁수행을 위한 마필 자원을 육성하려는 정치적 속셈에서 나온 것이다. 이후 1942년 조선총독부가 조선마사회령을 공포하면서 한반도

경마장의 경주 장면

에서도 국가적인 경마산업이 시작되었다. 해방 후에는 조선마사회가 한국마사회로 바뀌었고, 1954년에는 뚝섬에 새로 경기장이 마련되어 본격적인 경주가 시행되었다.

현대 경마산업의 핵심은 '마권'에 있다. 한국마사회가 마권을 발행하는데 경마꾼들은 돈을 내고 이 마권을 구입한다. 마권은 우승할 말을 예상하여 미리 점찍는 것으로서 '승마투표권'이라고 한다. 마

권제도는 자신이 예상한 말이 우승을 하면 일정한 세금을 떼고 배당금을 받는 것이다. 경마산업이 '도박산업'이란 딱지가 붙은 것은 바로 이것 때문이다. 많은 경마꾼들은 스포츠로서 경마를 관람하기보다 배당금의 당첨을 노리고 경마장을 찾고 있다.

경마산업을 독점하고 있는 마사회의 수입은 천문학적 수준이다. 마권 속에는 마사회의 수수료가 들어 있으므로, 마권의 발행이 늘어날수록 마사회의 수입이 증가한다. 1990년대 이후부터 마사회는 비약적인 발전을 거듭했다. 개인 마주제가 도입되고, 레저 붐이 불기 시작하면서 1995년도에 이미 세계 7위 수준으로 매출액이 신장되었다.[4] 마사회는 2003년에 6조 1,710여억 원의 매출을 올렸는데 순이익만 2,430여억 원이었다.[5] 국가 입장에서 마사회는 황금알을 낳는 거위인 셈이다. 경마는 매출규모와 순이익을 따져볼 때 사행산업 중 가장 큰 돈을 벌어들이는 사업이다. 정부부처에서 서로 마사회를 차지하기 위해서 싸움을 벌이는 것도 이 때문이다.

1970~1980년대에 발행된 마권들.

이 거대한 매출액 속에는 이른바 '보이지 않는 손'이 있다. 경마산업이 끊임없이 타락을 부추긴다는 비판의 핵심도 이것이다. 소위 '실내경마장'이라고 칭하는 '장외발매소'이다. 실내경마장은 서울과 경인지역에만 12곳, 전국적으로 29곳이 있다. 실내경마장에서 올리는 수입이 전체 마사회 수입의 2/3 가량이라고 한다. '도박의 온상지'라는 실내경마장에는 오락과 레저는 사라지고, 오로지 대형스크린과 마권만 있다. 말도 많고 탈도 많은 이 실내 경마장의 풍경을 잠시 확인해보자.

장내 좌석은 물론 바닥까지 사람들이 가득 차 있다. 몇몇은 바닥 한가운데 신문지를 깔고 앉아 컴퓨터용 펜을 귀에 끼운 채 경마 예상지를 보며 '공부'를 한다. 마장 구석 현금인출기 앞에는 사람들 줄이 끊이지 않는다. 오후 3시 이전에 현금인출기의 돈은 바닥난다고 한다. 한 50대 남성의 말이다. "보따리로 돈 싸서 가슴에 안고 나오는 사람도 봤어. 30평짜리 아파트를 팔았대. 그 마누라가 찾아와서 한참 찾아다녔어. 별 사람 다 있다니깐." 그는 한쪽 다리에 깁스를 하고 목발을 짚은 채 "방금 200만 원짜리가 터졌다"며 웃는다.[6]

한국마사회는 수많은 비난 속에서도 실내경마장을 확장하려는 계획을 세우고 있다. 즉 2006년까지 총 48개로 장외발매소를 늘린다는 계획이다.[7] 장외발매소의 증가에 따른 폐해는 불을 보듯 뻔한 일이다. 2002년도에 한국마사회와 국민체육진흥공단이 공동으로 수행한 연구용역 프로젝트가 있다. 연구용역 보고서의 명칭은 「병적 도박의 실태조사 및 치료 프로그램」이다. 연구 결과는 경마고객 중 중독자의 비율이 35.7%에 달한다는 것이다. 이 중독자들은 대부분 장외발매소에서 양산되고 있다. 이 와중에 장외발매소를 더욱 늘린다는 것은 전국을 도박판으로 만들

경륜장의 경주 장면

겠다는 발상과 다름없다.

도박꾼들에 대한 스포츠 도박의 탐욕스런 유혹은 이에 그치지 않는다. 1991년 국회에서 경륜·경정법이 통과되면서 국민체육진흥공단이 사행산업에 가세했다. 경륜은 자전거 경주로서 1994년에 서울올림픽 경기장에서 시작하였고, 경정은 모터보트의 수상 경주로서 2002년 미사리 경정장에서 첫출발을 하였다. 경륜과 경정은 경마와 마찬가지로 승자를 맞히면 배당금을 준다. 경마, 경륜, 경정을 3경이라 부르는 것은 이처럼 비슷한 방식으로 배당제를 운영하기 때문이다.

경마에 비하면 아직 걸음마 단계이지만 경륜과 경정의 추격은 점차 거세지고 있다. 특히 경륜산업의 확장이 가공할 만하다. 1994년 17억의 매출액으로 출발한 경륜이 2000년에는 1조 2,243억원으로 성장했다.[8] 이 3경산업 탓에 '주5일 배팅족' 이란 신조어도 생겨났다. 예컨대 화·수요일은 경정, 금요일엔 경륜, 토·일요일에는 경마를 찾는 등 주 5일 내내 사행산업의 배팅에 소일하는 자들을 말한다. '배팅이 없는 날' 에도 놀지 않고 배팅을 위해 '돈을 꾸러 다닌다'고 한다.[9] '주5일 배팅족' 은 3경산업의 어두운 그늘을 여실히 보여주고 있다.

세금 위의 세금, 복권

사행산업 중에는 '고통 없는 세금' 이라 불리는 것이 있다. 바로 '복권' 이다. 사실 복권은 국가가 필요한 재

우리나라에서 발행된 각종 복권

원을 확보하기 위해서 국민들에게 일정한 돈을 걷는 것이다. 세금과 다를 바가 없다. 다만 구매가 자율적이고, 몇 명에게 돌아가는 당첨금이 있어 세금이라는 사실이 은폐되고 있을 뿐이다. 그래서 세금고지서가 나오면 하나하나 따져보는 깍쟁이들도 복권을 살 때에는 매우 관대하다. 복권의 위력은 바로 여기에 있다. 점차 은밀하고 깊숙하게 국민들의 살림 속으로 파고 들어간다.

우리나라에서는 1969년 주택복권이 발행되면서 복권의 시대를 맞게 되었다. 주택복권은 독립유공자, 군경유가족, 원호대상자 중 무주택자들에게 장기저리의 자금지원 혜택을 준다는 명목으로 만들어졌다.[10] 명목은 좋아 보이지만 국가의 예산으로 할 일을 국민들에게 짐 지우는 행위였다. 아시안 게임과 올림픽 게임을 맞이해 1983년부터는 주택복권이 올림픽 복권으로 개명되었다. 올림픽 개최를 위한 기금 마련을 이유로 복권 발행액이 크게 늘어났다.[11] 1990년대 들어서 복권 시장은 '춘추전국시대'가 되었다. 문화관광부의 체육복권, 과학기술부의 기술복권, 보건복지부의 엔젤복권, 국가보훈처의 플러스 복권 등 정부의 각 부처에서 복권을 발행하기 시작했다. 추첨방법도 다양해져서 즉석식 및 다첨식의 방법이 생겨났다.

복권의 추첨방식은 구매자의 욕구를 자극하는 방법으로 발전하였다.[12] 복권 추첨일을 기다리는 방식보다는 동전으로 코팅을 벗기는 즉석식 방식이 훨씬 구매욕구를 높여준다. 1978년 미국의 뉴저지주에서는 복권 구매자의 욕구를 최대한 증가시킬 수 있는 새로운 방식을 도입했다. 이른바 '로또(Lotto)'이다. 이것은 구매자가 45개의 숫자 가운데 6개의 숫자를 직접 고르는 방식이다. 복권의 당첨 과정에서 구매자가 능동적인 재미를 느낄 수 있게 만들었다. 또한 당첨자가 안 나올 경우에는 다음 번으로 상금을 누적시키므로 사상 초유의 당첨금이 탄생하게 되었다. 당첨금을 보고 흥분한 시민들이 로또로, 로또로 몰려 들었다.

  2002년 12월, 우리나라에서도 로또가 도입되었다. 로또의 발행은 복권시장이 맞은 위기에 대한 일종의 타개책이었다. 정부 각 부처에서 경쟁적으로 복권을 발행하면서 종류가 많아질 뿐 실효성은 떨어진 것이다. 복권의 양만 많아졌고 판매수익금은 별 볼일 없는데다 국민의 사행심리만 조장시킨다는 비판에 직면하였다. 이를 극복하고자 시도한 로또 복권의 발행은 대성공이었다. 로또 발매 100회 째의 통계를 보면 모두 6조 6천억 원치 로또가 팔려나갔다.[13] 이중 절반이 당첨금으로 지급되었고, 20%는 사업자에게, 30%는 정부의 기금으로 고스란히 입고되었다. 정부와 운영사업자인 국민은행, 시스템 사업자인 KLS컨소시엄이 돈방석에 앉은 것이다.

  '로또, 인생 대역전'이라는 홍보 카피는 현실을 왜곡시킨다. 100회까지 나온 1등 당첨자는 410명에 불과하고, 1등에 당첨될 확률은 814만 5,060분의 1이라고 한다. 이 수치가 이해가 안 된다면 다음 구절이 이해가 빠를 것이다. 이 당첨확률은 번개를 연속적으로 두 번 맞거나 1년에 교통사고를 연속적으로 5번 당할 확률과 비슷하다고 한다.[14] 그렇다면 '인생 대역전'이라는 선전 문구는 거의 속임수에 불과하지 않은가. 이러한 당첨확률을 알고 로또를 사는 사람은 거의 없다. 모두들 마음 한 구석에는 내가 당첨될 것이라는 '잘못된 희망'이 있을 뿐이다.

그런데 잘못된 희망을 안고 로또를 사는 사람이 대부분 저소득층이라는 데 더욱 큰 문제점이 있다. 사실 인생 대역전을 꿈꾸는 사람은 이 시대의 별 볼일 없는 사람들이다. 미국의 어떤 언론사는 로또가 "저소득층의 허리 벨트 아래를 치는 치사한 짓"이라는 글을 실었다.[15] 부자, 권력층 등 소위 성공한 사람들이 인생역전을 바랄 필요가 있겠는가. 그래서 '역진적 세금'이라는 수식어가 붙는 것은 당연하다. 정부 사업의 재정 마련을 위한 것으로, 고소득층보다는 저소득층에게 부담비율이 높다는 말이다.[16] 저소득층에게서 거둬들인 돈은 그나마 다시 저소득층을 위해 사용될까. 그렇지 않다. 로또 복권의 수익금은 소위 '나눠먹기식'으로 분배된다. 종래 복권을 발행했던 정부의 10개 부처에 일정한 비율로 나누어진다고 한다. '없는 자'에게 돌아갈 수 있는 보건복지부로의 배분율은 5%에 불과하다. 빈자들에게 거둬 들인 돈이 과학기술개발의 지원, 중소기업 창업, 체육시설의 투자 등 오히려 부자들이 내야 할 용도로 사용되고 있다.

서울의 지하철역 구내 로또 복권 판매점.

로또의 광풍은 우리사회의 잣대가 어느 쪽으로 귀결되고 있는가를 반영한다. 한참 산업화를 겪던 시대만 해도 '가난이 죄'는 아니었다. 못살지만 앞으로 나아질 것이라는 기대감도 있었다. 그러나 뉴 밀레니엄 시대가 되면서 우리사회는 '부자 되기, 부자 만들기'의 열풍에 빠져들고 있다. 부자가 대접받고 가난은 무시되는 사회가 도래했다. 더구나 경제성장이 둔화되면서 그만큼 기회의 가능성도 낮아지고 있다. 이미 자본주의 사회는 안착되었고, 계급 상승은 어려워졌다. 이 시대의 '삼류 사람'들이 로또를 통해서 일확천금을 꿈꾸는 것은 이 때문이다. 마른 하늘에 벼락 맞기보다 어렵다지만 그래도 로또 당첨을 꿈꿀 수밖에 없는 현실이 아닌가.

자본주의 도박산업의 꽃, 카지노

2000년 10월, 강원도 정선군 사북읍 사북리에는 우리나라 최초로 내국인이 이용할 수 있는 강원랜드 카지노가 개장되었다. 사북의 옛 명성을 떠올려 본다면 화려한 변화가 아닐 수 없다. 1970년대 사북 지역은 탄광산업의 메카로서 연탄 원료의 최대 공급지였다. 또한 1980년대 노동운동의 기폭제가 된 사북 투쟁이 일어난 곳이기도 하다. 이 지역이 온통 시커멓게 탄가루로 먹칠을 했을 당시는 참으로 좋은 시절이었다. 그러나 1980년대 이후부터 탄광산업은 급속히 쇠퇴하였고, 1989년 정부는 석탄산업 합리화 정책을 추진하였다. 강원도의 탄광들은 잇달아 폐광되었고,

사북 지역은 그야말로 인생 막장과 같은 곳이 되었다. 이때 피폐해진 지역경제의 대안으로 등장한 것이 바로 카지노와 같은 관광산업이었다.

　카지노는 귀족 계급의 휴양소에 역사적 뿌리를 두고 있다. 카지노의 어원인 카자(casa)는 원래 이탈리아어로 '작은 집'을 뜻한다. 귀족들이 사교와 오락을 위해서 사용했던 별관을 말한다.[17] 18세기 이후 카지노는 점차 온천지나 해변가 등 관광지에 세워졌다. 여행업의 성장과 함께 많은 귀족과 부자들이 방문하였고, 이들이 즐길 수 있는 오락적 설비들을 갖추었다. 독일의 바덴바덴(BadenBaden)과 비스바덴(Wiesbaden) 등이 대표적인 휴양지 카지노로 각광을 받았다.

강원도 정선군에 자리 잡은 강원랜드의 전경.

　이러한 추세는 유럽의 각국으로 퍼져나갔고 하나의 모델이 될 만한 카지노가 성립되었으니 바로 몬테 카를로(Monte Carlo) 카지노였다. 프랑스가 1861년 모나코의 땅을 대부분 합병시켰을 때 식민지 경영 자금이 부족하였다. 특별한 생산 기반이 없는 모나코에서 세수를 확보하기 위한 묘책이 카지노 건설이었다. 몬테 카를로 카지노는 유럽의 귀족계급뿐만 아니라 미국의 부자들을 위한 대표적 휴양소로 부상하였다.[18]

　미국의 카지노 문화는 유럽에서 온 이민자들이 퍼뜨린 것이다. 미국의 동부 도시인 뉴올리언스(New Orleans)와 뉴욕(New York) 등에서 불법적인 도박 클럽이 유행하였다. 미국의 서부개척이 시작되면서 서쪽의 채광지역으로 카드와 주사위 게임 등 도박이 퍼져나갔다. 이때 발 빠르게 대응한 것이 네바다(Nevada) 주였다. 우리가 카지노의 대명사로 알고 있는 라스베이거스(Las Vegas)는 네바다 주의 남동부에 있는 관광도시이다. 1931년에 네바다 주는 상업적 도박의 모든 형태를 인정하는 법률을 통과시켰다. 카지노 산업을 통해서 세수를 확보하려는 조치였다. 1976년에는 뉴저지(New Jersey) 주에서도 주민투표를 실시해 카지노를 합법화했다. 이후 애틀랜틱 시(Atlantic City)에 대규모의 카지노 설비가 갖추어졌다.[19] 현재까지 라스베이거스와 애틀랜틱 시는 미국에서 카지노 사업의 양대 산맥으로 자리를 잡고 있다.

　미국에서 도박산업의 발전은 1930년대와 1970년대에 이루어졌다. 이 시대는 미국의 주정부가 재정적 압박을 받던 시대였다. 특히 1930년대는 대공황으로 인하여 생산과 경제적 기반이 파괴된 시기였다. 경제적 대파괴는 프로테스탄트의 윤리까지 희박하게 만들었다. 경제적 기반과 사회적 윤리가 붕괴되면서 카지노와 복권 등이 합법화될 수 있는 토양이 형성되었다. 또한 자본주의의 위기를 넘기 위해서는 자본의 새로운 탈출구가 필요하였다. 이런 시기에

몬테 카를로 카지노의 화려한 모습.

도박산업은 자본이 새로운 변형을 모색하는 훌륭한 시장이었다.[20]

우리나라에서는 1960년대 후반부터 카지노의 역사가 시작된다. 1967년에 인천의 올림포스 호텔에 카지노가 처음으로 설립되었고, 1968년에는 서울 워커힐 호텔에서 주한 외국인을 위한 위락시설로 카지노가 개장되었다.[21] 우리나라 카지노 산업은 설립 초기부터 부패한 정치자금으로 얼룩졌다. 이른바 '워커힐 사건'이라 불리는 것으로, 중앙정보부가 워커힐을 건립하면서 정부자금을 상당수 빼돌려 공화당의 정치자금으로 사용한 사건이었다. 카지노가 초기부터 국민들에게 좋은 인식을 주었을 리 없다.

사실 폐광 지역에 세운 강원랜드는 관광산업의 거점으로서 역할을 기대했다. 그러나 이곳에 가족단위로 관광을 오는 사람은 거의 없다. 위락시설인 '어드벤처 펠리스'는 한가하고 오로지 카지노만 붐빌 뿐이다. 그도 그럴 것이 뚜렷한 휴양지도 아닌데 가족단위로 이 먼 곳까지 올 사람이 누가 있겠는가. 공식적인 통계를 보면 강원랜드 카지노를 찾는 사람들의 76.3%가 도박 중독의 소지를 안고 있다고 한다.[22] 카지노의 매출액도 슬롯머신보다는 테이블 게임에서 78%를 올리고 있다고 한다. 이것은 미국의 카지노와는 정반대의 현상이다. 블랙잭이나 바카라 등과 같은 테이블 게임은 중독성이 높은 도박으로 알려져 있다.[23]

더욱 놀랄 통계가 2004년 9월에 발표되었다. 강원랜드 카지노를 찾는 VIP고객 100명의 1년 간 판돈이 무려 1조 4천억 원이었다고 한다. 이들이 실제로 잃은 돈만 2,834억 원이었다. 어떤 사람은 혼자서 576억 원을 칩으로 바꿨으며 133억 원을 잃었다고 한다.[24]

카지노의 블랙잭 테이블. 카지노에는 블랙잭(Blackjack), 바카라(Baccarat), 다이사이(Tai-sai), 룰렛(Roulette), 빅 휠(Big Wheel) 등의 게임이 있다.

《주간조선》의 모 기자는 강원랜드에서 직접 카지노를 체험하면서 〈도박과 탐욕의 막장 강원랜드 카지노〉라는 현지보고서를 남겼다. 그는 이 글의 마지막 구절에서 다음과 같이 갈무리하고 있다. "나는 가방을 싸서 서울로 향하면서 돈 얼마보다 훨씬 더 많은 것을 잃었다고 생각했다. 지난 4월 채권 추심직원을 해보고, 강원랜드에서 며칠 살아보면서 우리나라 자본주의의 건강성을 심하게 걱정하게 됐다. 다시는 구경삼아라도 오고 싶지 않았다."

도박산업과 정치경제학

2002년 우리나라의 도박중독 인구가 300만 명에 육박하였다. 성인인구의 9.3%를 점하는 비율이다. 도박산업이 보편화된 미국, 오스트레일리아 등보다 훨씬 높은 수치이다.[25] 이유는 무엇일까? 이는 사행산업을 급작스럽게 늘리는 데 주력했을 뿐 이로 인한 피해는 예상하지 않았기 때문이다. 또한 사행산업에 대한 전체적인 규제 방안을 만들지 않았기 때문이다. 사행산업의 확장에 따른 피해는 고스란히 국민들이 떠안게 되었다. 도박에 빠진 당사자는 물론이고 절도, 사기, 공금횡령 등 범죄로까지 이어짐으로써 사회적 피해가 막대한 것이다. 우리는 형법에 의해서 도박을 금지해야 하는 국가가 도박산업을 운영하는 모순을 곰곰이 생각해볼 필요가 있다. 이것은 자본주의 정치경제학에서 매우 핵심적인 문제이기도 하다.

먼저, 사행산업은 자본주의의 재정적 위기와 밀접한 관련이 있다. 유럽의 역사에서 복권은 봉건제에서 자본주의로 발전하는 시기에 나타났다. 초기 자본주의의 운영에 필요한 세원을 복권이 충당해준 것이다.[26] 미국은 대공황을 맞은 이후부터 복권과 카지노를 합법화하기 시작하였다. 재정에 갈증이 난 주정부는 어떤 방식으로든 필요한 재원을 마련해야 했다. '굴뚝 없는 산업'인 카지노와 '저항 없는 세금'인 복권만큼 훌륭한 세원이 있었을까.

우리나라 역시 마찬가지이다. 어떻게 10개나 되는 정부부처에서 복권사업을 벌이게 되었을까. 각 부처에서 재원확보가 필요한 시점에서 가장 손쉽게 떠올린 것이 복권사업이었다. 사북지역에 건립된 강원랜드도 다를 바 없다. 석탄합리화 정책에 따라 폐광은 불가피하고 지역경제를 살려야 하는 상황에서 카지노 산업이 대안으로 떠오른 것이다. 한편 지방자치제도가 수립된 이후로 지자체들이 경쟁적으로 사행산업을 검토하고 있다. 이 또한 지방정부의 재정적 어려움과 관련이 있다. 이처럼 자본주의 국가는 끊임없이 경제적 곤란을 맞게 될 때마다 이를 타개하고자 사행산업을 수용하는 것이다.

또한 자본주의 국가가 도박을 합법화시키는 이유 중의 하나는 체제유지의 기능 때문이라고 한다.[27] 자본주의의 사회가 안정화될수록 계급적 차이는 고착화된다. 계급상승의 기회는 있지만 실제로 그 기회는 극히 희박하다. 그래서 부와 권력, 부동산, 심지어 학력까지 끊임없이 세습되는 세상이 된다. 결국 자본주의는 하층 계급의 불만과 도전에 직면할 수밖에 없다. 이때 국가가 '없는 자'들에게 내세울 수 있는 것이 도박을 통한 신분 상승의 기회이다. '인생 대역전' 등의 선전을 통해 마치 백만장자가 눈 앞에 놓여 있는 듯한 환상을 주는 것이다. 하루하루를 힘들게 사는 하층 계급은 오히려 국가가 인생의 꿈과 희망을 주었다고 감사한다. 그러므로 도박은 자본주의의 체제를 유지시켜주는 역할을 한다고 볼 수 있다. 120년 전 엥겔스는 국가의 이러한 불공평한 메커니즘을 냉정하게 직시한 바 있다.

> 국가는 문명사회를 총괄하는 힘으로서 모든 전형적인 시기에 예외 없이 지배계급의 국가이며, 또 본질적으로 모든 경우에 압박받고 착취당하는 계급을 억압하는 기관이다.[28]

모든 국가는 지배계급의 생산관계와 이데올로기를 그대로 유지하려고 한다. 자본주의 국가가 스스로 자본주의를 포기하고 사회주의를 취하는 역사적 사례는 없다. 자본주의 국가는 자본의 논리를 최대한 보호하는 방향으로 나아가고 있다. 또한 국가는 모든 권력을 합법

파친코를 즐기고 있는 일본인들.

적으로 사용할 수 있는 권한을 독점하고 있다. 국가가 어떤 일을 시행한다면 그것은 불법이 아닌 합법이 된다. 불법적 도박이 국가의 힘에 의해서 합법화가 되는 것은 이런 까닭이다.

그러나 국가가 불법적 도박과 합법적 도박에 양다리를 걸치는 것은 언젠가 큰 위기를 불러일으킬 것이다. 당장은 재정적 위기를 모면하고 풍족한 세원을 확보할 수 있다. 그러나 도박의 폐해는 점차 사회적 위기로 이어지고, 사행산업은 제어할 수 없을 정도로 공룡처럼 커지고 있다. 브레이크 없는 자동차가 내리막길로 돌진하는 형국이다.

무엇을 할 것인가

1970·80년대 한국 자본주의의 발전은 국가에 의해서 주도되었다. 각종 사행산업의 인허가 문제도 정부가 판단하여 시행했다. 세계 100여 개 국가는 복권을 도입할 때 국민투표를 실시한 바 있다. 사행산업을 해야만 하는 필요성을 국민들에게 인정받았다. 우리나라는 사행산업의 시행 전에 얼마나 민의를 수용했을까. 다시 한 번 반성할 필요가 있다.

어쨌든 2005년 현재 사행산업은 수십조의 시장을 형성하고 있다. 하루에 한 번씩은 각종 도박사건이 일간지의 사회면을 장식하는 시대에 살고 있다. 사행산업의 첫 번째 책임자는 두말할 것 없이 국가이다. 사후약방문일지 모르지만 국가가 나서서 도박산업의 미래를 진단하고 새로운 판짜기를 시행해야 한다. 지난 6월 국회에서는 '사행산업 감독위원회법'의 제정을 추진한다고 하였다.[29] 그러나 단순한 감독보다는 각종 리서치, 통계 분석, 외국의 사례 연구 등 조사·연구를 바탕으로 정책 생산을 추진할 수 있는 기관이 필요하다. 그래야 도박산업에 대한 과학적이고 객관적인 규제가 가능하지 않을까.

또한 사행산업으로 인한 최대 피해자인 도박 중독자들을 치유할 수 있는 치료기관이 필요하다. 현재 한국마사회, 국민체육진흥공단, 강원랜드가 부설기관으로 도박중독센터를 운영하고 있지만, 개별기관에 맡겨서 될 문제는 아니다. 사실 도박 사업자가 근본적으로 도박 퇴치에 대한 의지가 얼마나 있는지도 의심된다. 국가에서 통합적으로 운영하는 도박중독센터가 필요하다. 이 기관에서는 도박 중독의 심리적 치료뿐만 아니라 도박 중독을 예방할 수 있는 각종 프로그램을 운영해야 할 것이다.

무엇보다 지금 당장 해야 할 일은 국가와 국민이 도박산업이야말로 우리나라의 흥망과 직결된 문제라는 점을 깨닫는 일이다.

더 읽을 거리

우리나라 중세의 금도박 정책

금도박 형벌은 장형杖刑

　금도박의 역사는 도박의 역사에 버금간다. 도박의 출현은 곧 도박을 금한다는 법률을 낳게 되었기 때문이다. 중국에서는 전국시대(기원전 5세기~기원전 3세기)초에 이미 박희博戲를 하는 자는 비단 세 필을 벌금으로 바친다는 금령이 있었다.[30] 일본에서도 689년에 금단쌍륙禁斷雙六이라는 금도박령을 반포한 적이 있다.[31] 문헌으로 확인되지는 않지만 우리나라의 고대사회에서도 도박을 금하는 조치를 취했을 가능성은 있다. 도박이란 항상 반사회적인 폐단, 즉 범죄나 가정파탄을 일으키므로 사회의 통합기구인 국가의 입장에서는 방치하기 어렵기 때문이다.

　우리나라에서 도박에 대한 국가의 규제는 고려시대부터 확인된다. 『고려사』 형법 금령禁令 편을 보면 다음과 같이 기록되어 있다.

> 도박놀이로써 전물錢物을 내기한 자는 각각 장杖 100이며, 유숙留宿시킨 주인 및 노름 밑천을 내어 화합化合하고 도박을 시킨 자도 또한 장杖 100이다. 음식을 걸고 궁사弓射로써 무예를 익히는 자는 비록 전물錢物을 걸어도 죄가 없다.[32]

　이 기록에서 도박은 내기놀이까지 포함된 포괄적 범주로 이해할 수 있다. 중세사회에서도 도박꾼뿐만 아니라 도박판을 제공하거나 접주 노릇을 한 자도 똑같이 처벌되었다. 이들에게 모두 똑같이 장 100대를 친 것이다. 다만 궁술로서 내기를 거는 이들에 대해서는 도박죄를 성립시키지 않고 있다.

고려 말에 이르러 도박 사건이 크게 증가했다. 하루 아침에 벼락부자가 되는 일도 있었고, 가산을 탕진하거나 처자를 뺏기는 이들도 있었다. 따라서 조선을 건국했던 태조太祖는 전조前朝 말년의 폐습으로 보고, 건국 초부터 도박을 엄격히 금지하였다. 태종太宗 14년(1414)에는 도박놀이를 금지하라는 명을 내렸다. 이것은 도대평都大平과 장용봉張龍鳳의 도박사건이 발단이 되었다. 도대평 등 16명에게는 장 80대를, 장용봉에게는 장 1백대를 때리고, 도박으로 얻은 물건은 관에서 몰수하였다.[33]

세종世宗 조에도 도박을 엄중히 금지하라는 명을 내렸다. 이것은 동전의 통용을 논하는 자리에서 혹 동전을 가지고 도박을 하려는 자가 있을지 모른다는 판단 때문이었다.[34] 세종 재위 때에는 금도박의 주무 기관이 바

기산 김준근의 형벌 집행 풍속화.

꾀는 일이 있었다. 원래는 형조가 도박 금지를 담당했는데 잡송雜訟으로 인하여 업무 부담이 가중되자 한성부漢城府로 업무를 이관했다.³⁵ 조선 초기에도 금도박의 법적 업무가 상당히 있었을 것으로 미루어 짐작된다.

세종 이후에도 도박 금지령은 수없이 내려졌다. 조정의 도박 금지령과는 별개로 끊임없이 도박은 횡행했다. 중종 23년(1528)에는 무뢰한들의 도박당 사건으로 인하여 도박 금단령이 내려졌다.³⁶ 중종 35년(1540)에는 도박으로 인하여 도적질이 늘어나고 도적무리들이 생겨나자 중종은 사헌부와 포도대장에게 특별히 금도박 명령을 내렸다.³⁷

조선시대의 금도박 정책은 기본적으로 『대명률大明律』에 의하여 시행되었다. 『대명률』은 명나라의 기본 법전이었지만 조선의 형사법은 대략 이 법전에 의거했다. 『대명률』의 도박 조항에서는 다음과 같이 명시되어 있다.

> 재물로 도박하는 자는 장 80에 처하고 판 위에 흩어진 재물은 관청에 들이며, 도박판을 열어 장소를 제공한 사람도 같은 대로 하되 현장에서 발각된 자만 검거하고, 관직이 있는 자는 한 등급을 더하여 처벌한다. 만일 음식내기를 한 것이라면 이것은 불문에 부친다.³⁸

장형杖刑은 큰 가시나무 회초리로 죄인의 볼기를 치는 형벌이다. 장형에는 60・70・80・90・100도度까지 5등급이 있으며, 매 10도마다 1등等씩 가감한다.³⁹ 도박행위는 80~90도에 해당하므로 장형 중에서는 비교적 높은 죄에 해당된다. 관직에 있는 자들은 한 등급을 높여 장형에 처한다는 기록도 있다. 하지만 조문의 실효성에 대해서는 의심이 든다. 연회

자리나 집에서는 물론이고 관청에서도 관리들이 도박하는 일이 잦았다.

"큰 범죄이면 효수梟首하겠습니다."

조선 말엽에도 도박이 크게 유행하였다. 특히 부패한 관리들과 관청 하인들의 도박사건이 문제가 되었다. 궁가宮家와 재상집의 하인들이 도박빚이 늘어나자 공물을 나르는 배가 파선되었다고 허위보고하고, 이를 착복하는 일이 있었다.[40] 현대의 공금횡령 사건에 버금가는 일이다. 이뿐만 아니었다. 법집행 당국인 법사法司나 포도청의 하인들이 권력을 빙자해서 오히려 도박판의 접주 노릇을 하고 다녔다. 고종은 이 악습을 없애기 위해서 마을에 한글로 적은 방을 붙이고, 관련 공문을 8도에 보낼 것을 윤허하였다.[41]

그러나 조선 말년의 사회기강이 제대로 잡힐 리가 없었다. 이들이 금

김윤보의 풍속화 「도박꾼 체포」. 조선시대 금도박의 풍속을 잘 보여준다.

도박령에 의하여 잡힌다고 하더라도 속죄금을 받고 방면되는 일이 많았던 것이다. 고종 28년(1891) 영의정 심순택沈舜澤은 도저히 도박의 횡행을 묵인할 수 없었던지 특단의 조치를 요구하였다.

> 요즘 도성 안에 잡기雜技가 없는 곳이 없다는 소문이 자자하니 놀라운 일입니다. ……(중략)……이것을 엄격히 다스리고 금지하지 않을 수 없으니, 이제부터는 액정서掖庭署의 하인, 군사, 각 관청의 종, 양반 집 하인을 물론하고 만일 이런 범죄자가 있으면 절대로 전례에 따라 속죄금을 받지 말고 큰 범죄이면 효수하도록 하겠습니다. 작은 범죄이면 형장을 쳐서 귀양을 보내겠습니다.[42]

조선시대에 액정서掖庭署는 왕명을 전달하는 관청이었다. 등잔 밑이 어둡다는 말처럼 금령을 전달하는 곳에서 도박판이 벌어졌던 것이다. 형조와 한성부가 도박을 방관하는 분위기를 이용하여 특권층에 기생하는 자들의 도박이 급속히 늘어났다. 고종 28년(1891)년 9월에 각 궁宮·영營·사司와 양반집 하인들의 도박을 금하라는 특별한 지시가 내려졌다.[43] 그 다음해에는 양반층의 도박을 특별히 금하라는 명령도 하달되었다.[44]

그런데 영의정 심순택의 요구는 어떻게 되었는지 궁금하다. 실제로 도박 범죄가 큰 자들의 목을 베었을까? 황현은 『매천야록』에서 다음과 같이 기술하고 있다.

> 신정희는 도박이 절도의 원인이 되는 것으로 생각하여 도박꾼들도

엄히 다스리고 그들을 잡으면 즉시 죽였으므로 반년도 안 되어 그가 죽인 사람은 400명이 되었다. 도성 사람들은 그를 두려워하여 일찍 자고 늦게 일어났다. 그들은 마치 귀신이 자기 문 앞에 있는 것처럼 무서워하며 저울눈 하나도 속이는 일이 없었다.[45]

신정희는 무과에 급제한 이후로 주로 법 집행의 책임을 맡았다. 고종 14년(1877)에는 좌·우포도대장을 역임하였고, 1881년에는 형조판서·1894년에는 한성부 판윤을 지냈다. 위 기록에는 다소 과장이 섞인 면도 있어 보인다. 그러나 도박범을 사형시킨 사례는 많이 있었던 것 같다. 아마도 고종 연간에 도박범죄가 사회병폐로 크게 대두되어 이에 대한 엄중한 처리가 요구되었기 때문일 것이다. 또한 단순 도박범이 아닌 사기·절도·살인 등의 범죄까지 가중되어 최고의 형벌을 받은 것 같다.[46]

조선왕조의 도박에 대한 법 인식은 유교이념으로부터 나온 것이다. 성리학을 통치의 근간으로 삼고 있는 조선왕조는 공식적으로 금도박 정책을 유지하였다. 관리들의 도박행위는 백성들의 도박행위보다 엄정하게 처벌한다는 원칙도 갖고 있었다. 성리학을 지향하는 조선의 위정자들은 도박행위가 예와 풍속을 해치는 폐악으로서 근본적으로 금제(禁制)시켜야 할 대상으로 보았기 때문이다.

그러나 서구와 마찬가지로 우리나라도 자본주의로 변모하면서 이러한 인식은 뿌리째 흔들리기 시작하였다. 자본주의 국가에서는 윤리적 이념보다는 자본의 논리가 중요할 수밖에 없다. 이윤의 극대화를 지향하는 자본의 논리에 따르면 도박의 합법화는 사실상 예고된 것이었다.

네 명의 여성이 호기심에 강원랜드를 찾았다. 세 명은 돈을 잃었고 우연히 한 명이 몇 십만 원을 땄다고 한다. 이후 세 명은 그냥 집으로 돌아갔지만 돈을 딴 한 사람은 카지노에 빠져 절도범 신세로 전락했다고 한다. 새내기 도박꾼이 돈을 처음에 땄을 때 오히려 상습 도박자가 될 수 있는 위험성이 높다.

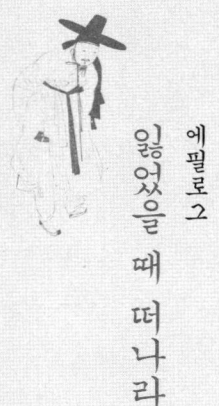

에필로그
잃었을 때 떠나라

에필로그를 위한
변명

나는 이 책을 '흥미로운 일상의 역사' 수준으로 쓰고자 했다. 강단의 역사가들이 관심을 갖지 않았던 도박은 무엇보다 재미있는 주제라고 생각했다. 백성의 일상사를 잘 보여주고, 재미있는 일화도 소개시켜줄 수 있는 코드라고 여겼다. 또한 나는 이 책을 쓰면서 늘상 도박꾼에게 훈계하는 윤리서로 흐르는 것을 경계했다. 왜냐하면 도박이 야기하는 각종 문제점을 지적하다보면 흔히 도의적·훈육적인 결론에 이르게 된다. 나는 이러한 유교경전과 같은 엄숙주의를 싫어하기 때문에 민중들의 자유분방했던 세태를 해독하는 데 초점을 맞추려고 했다.

그런데 도박이란 코드를 통해 본 일상사의 결말은 참으로 참담했다. 어느새 나도 조금씩 도박 앞에서 '회초리를 든 훈장님'이 되고 있었다. 과거의 사료들과 현대의 통계자료 등을 읽으면서 '도박꾼의 미래는 없다'는 결론을 내렸기 때문이다. 물론 여기에서 도박꾼 앞에는 '상습적'이란 수식어가 붙는다. 전 역사에 걸쳐서 도박은 개인과 가족 그리고 사회를 붕괴시키는 핵폭풍의 위력을 갖고 있었다. 현대에 들어서는 도박의 시장이 국가권력의 용인 하에 비대해지고 있으므로 그 위험성이 눈덩이처럼 불어나고 있는 마당이다. 그래서 초발심과는 상당히 빗나가지만 에필로그를 '도박 중독'에 대한 경고의 메시지로 마감하기로 작정하였다.

  굳이 객관적 통계를 늘어놓을 필요도 없이 우리의 주변을 잠깐 돌아보면 수많은 도박꾼들로 법석거리고 있다. 주식투자로 몇천만 원을 날린 선배, 잠시도 화투패를 놓지 않은 친척, 일주일의 시작을 복권으로 하는 친구들로 넘쳐난다. 내 안을 들여다봐도 마찬가지이다. 한몫 잡아, 보란 듯이 살겠다는 요행수가 꿈틀거리고 있다. 이 요행수는 도박꾼이 될 수 있는 필수 요건이다. 그래서 에필로그의 경고 메시지는 이 사회에 외치는 고함이 아니요, 어찌 보면 나 자신과 이웃을 향한 쓴소리에 불과할지 모른다.

도박꾼들의 오류와 착각

나는 도박중독을 개인의 심리적 차원으로 보는 것에 반대한다. 왜냐하면 무엇보다 도박의 추이는 당대의 사회적 특성에 따라 움직이기 때문이다. 도박으로 인한 폐단 역시 개인의 문제이기보다는 엄연히 사회적 문제이다. 그런데 심리학은 도박의 문제를 개인의 심리나 행동을 중심으로 바라보았다. 심리학의 이런 태도에 대해서 나는 적지 않은 불만을 갖고 있었다. 하지만 이 책이 종결될 무렵 도박중독자의 치료를 생각해보니 심리학의 성과를 무시할 수가 없다. 도박에 대한 치료는 도박산업의 구조적 개혁과 동시에 도박꾼들의 심리적 치료도 병행해야 한다는 결론에 이르게 되었다.

심리학에서는 '도박중독'을 일종의 '병'으로 지목하고 있다. 도박 행위는 몇 가지 부류로 나눌 수 있다. 친목과 사교를 위해서 하는 '유희성 혹은 사교성 도박'이 있다. 이것은 생활에 활력소가 될 수 있는 놀이이다. 두 번째는 도박행위가 습관적으로 되풀이되면서 생활에 문제를 일으키는 '습관성·문제성 도박'이다. 제일 심각한 것은 개인과 가정에 혼란을 줄 수 있는 '병적 도박'(Pathological Gambling)이다.[1] 이 병적 도박은 '도박중독'으로서 『정신 장애 진단 요람』에도 치료해야 할 병으로 분류되어 있다. 알코올중독, 마약중독 등과 같이 커다란 장애 요인으로 취급되는 것이다.

그런데 도박중독자들은 중대한 오류와 착각에 빠져 있다고 한다. 도박자들은 실패를 거듭할수록 성공할 때가 왔다고 확신한다. 즉 슬롯머신을 계속 당기면서 이번이야말로 잭팟이 터질 때라고 믿는 것이다. 운에 대한 지나친 기대심리라고 할까. 이를 심리학에서는 '도박자들의 오류(the gambler's fallacy)'라고 정의한다. 내친 김에 쓴 소리를 하나 더 하겠다. 도박꾼들은 마치 자신이 예측 불가능한 사건의 결과에 영향을 미칠 것으로 생각한다. 쉽게 말하면 판의 결과를 꿰뚫고 있으며, 자신의 예지력이 맞을 것으로 생각하는 경향이 있다. 이를 '통제의 착각(The illusion of control)'이라고 말한다. 도박이란 기본적으로 운에 따르는 것이다. 도박에는 운칠기삼運七技三이 작용된다고 하지만 이 명제도 기술에 너무 후하게 점수를 준 것이다. 왜냐하면 기술이란 자신의 의지대로 할 수 있는 곳에서 발휘되는 것이다. 패에 따라서, 상대방에서 따라서, 그날의 컨디션에 따라서 결과가 달라진다면 과연 진정한 도박기술이라 할 수 있을까?

룰렛 중독자였던 러시아의 대문호

19세기 러시아 문학을 대표하는 도스토예프스키는 '통제의 착각'에 빠져 있던 도박꾼이었다. 도스토예프스키는 도박 중에서도 룰렛을 광적으로 좋아했다. 룰렛은 회전 원판을 돌리고 이것이 정지했을 때 주사위가 어디에 있는가를 맞히는 도박이다. 이 룰렛 중독으로 인하여 그는 가산을 탕진하고 빚 독촉에 시달리게 되었다. 그런데 그는 룰렛의 게임에는 일정한 시스템이 있고 자신이 그것을 발견했다고 믿고 있었다. 그는 1863년 유럽의 여행길에서 도박으로 모든 여비를 날린 뒤에 자신의 형에게 다음과 같은 편지를 보냈다.

미샤형. 나는 비스바덴에서 게임 시스템을 개발해서 그것을 활용해서 한 번에 1만 프랑을 땄어. 그리고는 다음날 아침에 흥분하여 이 시스템을 잊어버리고 그 자리에서 돈을 잃었지. 저녁때 다시 이 시스템을 회복하여 추호의 흔들림 없이 게임에 임하여 곧 어려움 없이 다시 3천 프랑을 땄어. 생각을 해봐. 그 후에 내가 이 시스템을 엄격히 지켜 나간다면 내 손에 행운이 그대로 잡힐 것이라는 것을 어찌 믿지 않을 수 있을까.[2]

도스토예프스키가 발견한 게임 시스템이 무엇인지는 잘 모르겠다. 그러나 그 게임 시스템이 효과적이지 못한 것은 분명하다. 그는 모든 돈을 다 잃었고 집세로 쓸 6나폴레옹만이 호주머니에 남았을 뿐이었다. 그의 도박중독은 이후에도 계속 되었다. 두 번째 아내인 안나와 떠난 1867년의 유럽여행에서도 룰렛에 탐닉하여 돈을 탕진하였다. 그는 아내의 옷과 갖고 있던 물건까지도 저당잡히는 신세가 되었다. 다시 그는 친구 마이코프에게 150루블의 여비를 애걸하는 편지를 보내야 했다.[3] 도스토예프스키는 왜 이번에도 그가 발견한 게임시스템을 효과적으로 사용하지 못했을까. 그 역시 여느 도박꾼들과 마찬가지로 통제의 착각에 빠져 있지 않았을까.

프로이트가 본 도박중독

정신분석의 창시자인 프로이트(Sigmund Freud)는 도스토예프스키의 도박중독에 주목하였다. 대단한 사상가

이자 문학가인 도스토예프스키가 도박에 중독되었다는 사실이 아마 심리학자의 구미를 자극했을 것이다. 1928년 프로이트는 도스토예프스키의 도박중독을 분석하여 「도스토예프스키와 자살」이란 짧은 에세이를 남겼다. 이 에세이는 프로이트의 핵심이론인 오이디푸스 콤플렉스(Oedipus complex)를 도박중독에 적용시킨 것이다. 도박꾼의 심리에는 아버지에게 품었던 열등감과 증오심이 하나의 죄의식으로 남아 있다고 한다. 이 죄의식을 해소하고자 도박에 탐닉한다는 것이다. 도박꾼들은 패배를 통해서 죄책감을 줄여나가는데, 이는 일종의 자기 처벌이라 할 수 있다.[4] 과연 오이디푸스 콤플렉스가 도박중독으로 이어졌을까?

　심리학의 분석에 의하면 남자 상습도박자의 도박동기는 대개 아버지와 연관되어 있다고 한다. 이들은 매우 가혹하거나 완벽주의를 지향하는 아버지 탓에 어려서부터 배척과 고독을 맛보았다. 또한 아버지가 도박꾼이거나 알코올 중독자인 경우도 많았다. 어머니가 아버지의 폭력으로부터 아이를 보호해주지 못했다는 점도 주목된다. 그래서 상습 도박자들은 대체로 경쟁적이고 공격적이며 외향적인 성격을 지니고 있다. 또한 성격이 급하고 나르시스적이며, 불안해하는 면도 지니고 있다. 이런 면은 과민한 정서를 갖게 하고 충동적인 행동으로 이어질 가능성이 많은 것이다.[5]

도박 동기와
악마의 금전

　　　　　　　　　도박의 동기는 무엇일까? 왜 도박꾼들은 도박에 탐닉하는 것일까? 도박의 동기는 5가지로 구분해 볼 수 있다. "사교동기, 유희동기, 금전동기, 흥분동기, 회피동기." 사교와 유희동기는 그다지 문제될 것이 없다. 친목을 도모하거나 가벼운 여가를 즐기기 위해서 도박을 한다면 권장할 만하다. 그런데 대부분의 도박꾼들은 금전동기, 흥분동기, 회피동기에 몰입되어 있다. 특히 상습적 도박꾼들은 금전동기와 흥분동기 때문에 도박을 한다. 금전동기는 금전적 추구와 보상을 위해서 도박을 하는 것이다. 흥분동기는 극단적인 초조감과 행복감을 왕래하는 흥분을 맛보기 위해서 하는 것이다. 도박이 각성제 노릇을 하는 셈이다.[6]

　상습적 도박꾼 중에서도 특히 문제가 심각한 유형은 역시 금전동기로 인하여 도박을 하는 자들이다. 돈은 도박꾼을 도박장으로 계속 끌어들이는 보상물이다. 학습이론의 관점에서는 이를 '강화強化'라고 표현한다. 네 명의 여성이 호기심에 강원랜드를 찾았다. 세 명은 돈을 잃었고 우연히 한 명이 몇십만 원을 땄다. 이후 세 명은 그냥 집으로 돌아갔지만 나머지 한 명은 카지노에 빠졌다가 절도범의 신세로 전락했다고 한다.[7] 새내기 도박꾼이 돈을 처음에 땄을 때 강화가 돼서 오히려 상습도박자가 될 위험성이 높은 것이다. 도박꾼이 부인할지 모르지만 돈은 그들에게 전부처럼 되어 버린다. 처음에는 돈을 따기 위해서 시작하였지만 점차로 잃은 원금을 복구하기 위해서 달려든다. 노름판의 돈은 '악마의 금전'으로 부를 만하지 않은가.

잃었을 때 떠나라

카지노, 경마, 경륜 등 현대의 사행산업이 특히 문제이다. 이 도박에 걸려들었다가 거덜난 사람이 한두 명이 아니다. 카드빚이 쌓이고 집값을 날리다가 결국 회사의 공금까지 횡령한다. 부친의 임종이 임박했다는, 아내가 출산 진통이 온다는 전화를 받고도 기다리라고 한다. 스트레스 한 번 해소하려고 시작했던 도박이 어느새 내 혈육, 내 집보다 중요해졌다. 이것이 바로 '중독'이다. 그런데 경마장에서 하루에 수백만 원씩을 날리는 중독자들에게 '당신은 도박꾼입니까?'라고 묻는다면 그들은 모두 'no'라고 대답한다. 누가 보든지 도박꾼임이 자명해도 자신만큼은 인정하지 않는다. 만약 누군가 'yes'라고 대답했다면 그는 도박꾼의 함정에서 벗어날 수 있는 사람이다. 무엇보다 빨리 사실을 인정하는 것이 중요하다. 솔직히 도박꾼의 마음속에도 도박판을 벗어나야겠다는 마음이 간절하지 않은가.

도박꾼들이 판을 떠나지 못하는 것은 잃은 돈에 대한 보상심리가 쌓여 있기 때문이다. 그래서 도박꾼들은 손해를 볼수록 더욱 큰 돈을 거는 이른바 '추격매수'를 하게 된다. 잃은 돈은 기하급수적으로 늘어나고 돌아갈 수 있는 보금자리는 없어진다. 현대의 도박산업은 막대한 조직과 자금이 뒷받침되어 있다. 도박꾼이 대단한 기술을 가졌다 해도 수백 명의 프로 딜러를 이길 수 있겠는가? 도박꾼이 엄청난 자금을 가졌다 해도 수천 억의 거대자본을 깰 수가 있겠는가? 도박꾼 한 명이 카지노 회사와 싸운다면 이것은 계란으로 바위를 치는 격이다. 나는 과거부터 현대까지 수많은 자료를 보았지만 도박중독자들이 결국 승리했다는 이야기를 들은 적이 없다.

그래서 도박꾼들이여! 마지막 이 한마디로 이 책을 갈무리하고자 한다. 꼭 귀담아 듣기 바란다.

"그대, 잃었을 때 떠나라. 툭툭 털어 버리고 떠나라, 그래야 비로소 그대의 미래와 가족의 희망이 태양처럼 솟을 것이다."

주

프롤로그 | 거꾸로 본 음지의 역사
1) Anders Hald, 1990, A History of Probability and Statistics and Their Applications before 1750, John wiley & Sons, pp. 28~48

1장 | 고대 샤먼은 최초의 도박꾼이었을까 – 도박과 점복
1) 까를로 로제티 저 · 서울학 연구소 역, 『꼬레아 꼬레아니』, 숲과 나무, 1996, 330쪽
2) 타키투스 저 · 이광숙 편역, 『게르마니아』, 서울대 출판부, 1999, 68쪽
3) 박흥식, 「주사위는 던져졌다: 주사위 놀이를 통해 본 중세 서양인들의 일상」, 『서양중세사연구』 제13호, 한국서양중세사학회, 2004, 143쪽
4) 《국민일보》, 2003년 3월 25일, 〈감리교도 제비뽑기 가능성〉
5) Roger Callois 저 · 이상률 역, 『놀이와 인간』, 문예출판사, 2002, 163쪽
6) 村山智順, 『部落祭』, 조선총독부, 1937, 18~22쪽.
7) 『삼국유사』 권2, 기이 제2, 진성여대왕과 거타지
8) 윤선태, 「한국고대목간의 출토현황과 전망」, 『한국의 고대목간』, 국립창원문화재연구소, 2004
9) 村山智順 著 · 鄭鉉祐 譯, 『朝鮮의 占卜과 豫言』, 明文堂, 1991
10) Stewart Culin 저 · 윤광봉 역, 『한국의 놀이』, 열화당, 2003
11) 紀田順一郎, 『日本のギャンブル：賭けごとの世界』, 東京：桃源社, 1996, 9쪽
12) 『삼국사기』 권1, 신라본기 제1, 남해차차웅
13) David. F. N, 1970, 「Dicing and Gaming: A Note on the History of Probability」, 『Studies in the history of Statistics and Probability』 Volume 1, Charles Griffin & Co. Ltd. eds.
14) 〈http://stat.pusan.ac.kr〉 참조
15) Gerda Reith, 2002, The age of chance : gambling in western culture, Routledge, p. 45
16) 洪熹, 「알타이 퉁구스 샤만의 占卜 : 骨卜을 중심으로」, 『중국학논총』 9, 한국

중국문화학회, 2000
17) 『후한서(後漢書)』 동이열전(東夷列傳) 부여국(夫餘國)
18) 『삼국지(三國志)』 위서(魏書) 동이전(東夷傳) 부여(夫餘)

2장 | 신라의 귀족, 주사위 놀이로 밤을 지새다 - 도박과 주사위

1) 고려시대 문인인 이숭인과 이색이 '처용무'를 보면서 지은 한시에는 '술에 취한 처용'의 모습이 그려져 있다.
2) 『신당서(新唐書)』, 동이열전(東夷列傳), 고구려(高句麗)
3) 『북사(北史)』, 열전(列傳), 백제(百濟)
4) 축국은 현재의 축구(soccer)와는 조금 다른 놀이이다. 가죽공에 거나 털을 넣거나, 소나 돼지의 오줌통에 바람을 넣어서 찬다. 축국은 땅에 떨어뜨리지 않고 서로 받아서 차거나, 일정한 높이까지 차는 놀이이다. 고대 중국에서 전해진 축국은 삼국의 놀이가 되었다.
5) 『삼국사기』 권 6, 신라본기 제6, 문무왕 상(上)
6) 郭雙林・蕭梅花, 『中國賭博史』, 文津出版社, 1996, 1쪽
7) 『삼국사기』 권 48, 열전 8, 도미
8) 오조(烏曹)는 걸(桀)왕의 신하로 와편(瓦片)과 와기(瓦器)를 만든 인물로 전해진다.
9) David. F. N, 1970, 「Dicing and Gaming : A Note on the History of Probability」, 『Studies in the history of Statistics and Probability』, Volume 1, Charles Griffin & Co. Ltd. eds.
10) 웨난 지음・이익희 옮김, 『마왕퇴의 귀부인』 2권, 일빛, 2001, 103~104쪽
11) 郭雙林・蕭梅花, 앞의 책, 18~26쪽
12) 최재석, 『정창원 소장품과 통일신라』, 일지사, 1996
13) 불상을 새로 만들었을 때 마지막으로 눈을 그려 넣는 불교의식. 개안식(開眼式)이라고도 한다.
14) 葛城末治, 「萬葉集に 出ている 三伏一向び 一伏三起の 意義に 就いて」, 『國語と國文學』 9月號, 東京大學 國語國文學科, 1925(최상수의 『한국민속놀이의 연구』)에서 재인용
15) 酒井欣, 『日本遊戲史』, 建設社, 1935, 235~236쪽
16) David. F. N, 앞의 책
17) Gerda Reith, 2002, 『The age of chance : gambling in western culture』, Routledge, p.46

18) 타키투스 저·이광숙 편역, 『타키투스의 게르마니아』, 서울대 출판부, 1999, 78쪽
19) 박흥식, 「주사위는 던져졌다: 주사위 놀이를 통해 본 중세 서양인들의 일상」, 『서양중세사연구』 제13호, 한국서양중세사학회, 2004, 143쪽
20) 고경희, 『안압지』, 대원사, 1989, 18~19쪽
21) 이 목제 주사위는 아쉽게도 보존처리 과정에서 불타고 말았다.(조유전, 『발굴이야기』), 대원사, 1997, 168~172쪽
22) 당시의 음주문화를 명확히 알 수 없으므로 명문을 완벽하게 해석하기는 어렵다.
23) 문화재 관리국, 『안압지(발굴조사보고서)』, 1978

3장 | 백제인의 저포, 윷놀이의 조상인가 – 도박과 윷놀이
1) 《연합뉴스》, 2005년 3월 7일, 〈종묘공원서 노인상대로 윷놀이 도박판〉
2) 《제주일보》, 2004년 10월 9일, 〈윷놀이 도박사범 8명 검거〉
3) 《제주일보》, 2005년 2월 15일, 〈윷놀이 시비 끝‥ 폭행당한 30대 숨져〉
4) 조수화, 「中·韓 민속놀이 비교 연구」, 인하대 석사학위 논문, 2001, 28~31쪽
5) 두 노인을 신선으로 보고, 시간의 주기가 다른 선계(仙界)에 다녀온 것으로 해석도 가능하다.
6) 유의경 지음·김장환 옮김, 『세설신어』(하), 살림출판사
7) 최상수, 『한국민속놀이의 연구』, 성문각, 1984, 18쪽
8) 박희에 대해서는 이 책 2장을 참조.
9) 방선주, 「아시아 문화의 미주전파」, 『아시아 문화』, 한림대 아시아문화연구소, 1991
10) 전경욱, 『한국의 전통연희』, 학고재, 2004
11) 이영일, 「윷의 유래와 명칭 등에 관한 고찰」, 『한국학보』(2), 일지사, 1976
12) 방선주, 앞의 논문, 226~234쪽
13) 이영일, 앞의 논문, 138쪽
14) 최상수, 앞의 책, 17쪽
15) 葛城末治, 「萬葉集に 出ている 三伏一向び一伏三起の意義に 就いて」, 『國語と國文學』 9月號, 東京大學 國語國文學科, 1925(최상수의 『한국민속놀이의 연구』)에서 재인용
16) 김인구, 「조선조 후기시가의 민속학적 연구」, 단국대학교 박사학위 논문, 1989

17) 『목은집(牧隱集)』詩藁 卷35・卷6・卷13
18) 『중경지(中京誌)』권 10, 부록 김문표 사도설
19) 김미경・허명회, 「윷의 확률」, 『95년도 춘계학술발표회 논문집』, 한국통계학회, 1995
20) 최상수, 앞의 책, 21쪽
21) 김인구, 앞의 논문 16~24쪽
22) 박은용, 「윷놀이 걸에 대하여」, 『池憲英선생華甲기념논총』, 1971, 505~532쪽

4장 | 고려시대의 격구는 스포츠 도박이었다 - 도박과 격구

1) 이승연・이태희, 「경마와 카지노의 대체성에 관한 연구」, 『관광학 연구』 제23권 제2호, 한국관광학회, 2000, 341~353쪽
2) 『동국이상국전집』 제24기, 큰 누각에 대한 기(又大樓記)
3) 나현성, 「한국축국・격구고」, 『민족문화연구』, 고려대 민족문화연구소, 1969, 158쪽
4) 『해동역사(海東繹史)』권 41, 교빙(交聘), 통일본(通日本) 시말(始末) 격구조(擊毬條)
5) 현재 '흑룡강성 영안현 동경성' 이다.
6) 북한 사회과학원, 『발해사 연구』 4권(문화)
7) 『고려사』 제1권, 세가 제1 태조1 태조 무인 원년(918)
8) 『고려사』 제17권, 세가 제17 의종1 의종 정묘 원년(1147)
9) 『고려사』 제17권, 세가 제17 의종1 의종 임신 6년(1152)
10) 채웅석, 「고려중기 사회변화와 정치동향」, 『한국사』 5권, 한길사, 1994
11) 『동국이상국전집』 제24기, 큰 누각에 대한 기(又大樓記)
12) 『고려사』 제129권, 열전 제42 반역3 최충헌
13) 『고려사』 제129권, 열전 제42 반역3 최충헌
14) 『태조실록』권1, 총서
15) 고려 문하성(門下省)의 간관(諫官)
16) 『고려사』 제85권, 지 제39 형법2 노비
17) 이병희, 「고려시대 승려와 말」, 『한국사론』 41・42, 서울대 국사학과, 1999, 303~306쪽
18) 『고려사』 제19권, 세가 제19 명종1 명종 갑오 4년(1174)

19) 『고려사』 제21권, 세가 제21 희종 희종 무진 4년(1208)
20) 『고려사』, 제29권, 세가 제29 충렬왕2 충렬왕 임오 8년(1282)
21) 조선시대 왕실의 사유재산을 관리하기 위해 설치한 관서이다. 내수소(內需所)・본궁(本宮)이라고도 한다.
22) 『세종실록』 권15, 4년 1월 18일(병자)
23) 『세종실록』 권26, 6년 11월 4일(임신)
24) 『고려사』 제90권, 열전 제3 종실1 제안공 서
25) 『고려사』 권14, 세가 제14, 예종3, 예종 병신 11년(1116)
26) 『고려사』 제85권, 지 제39 형법2 금령
27) 『고려사』 제100권, 열전 제3 기탁성
28) 『고려사』 제124권, 열전 제37 폐행 2 윤수
29) 『고려사』 제124권, 열전 제37 폐행 2 윤수
30) 『고려사』 제38권, 세가 제38 공민왕 임진 원년(1352)
31) 『태조실록』 권1, 총서
32) 정형호, 「한국 격구의 역사적 전승과 변모 양상」, 『제3회 국제아시아 민속학회 국제학술대회 발표논문집』, 국제아시아민속학회, 1999, 155쪽
33) 『세종실록』 권30, 7년 11월 20일(을묘)
34) 『용비어천가』 제44장 "노・샛 바오리실⋯・ 우희니・ 티시나 二軍 鞠手・ 깃그니・ 다 軍命엣 바오리어늘・ 겨틔 엇마・ 시니 구규(九逵 都人)이 다 놀라・니"
35) 《한겨레신문》, 2005년 2월 20일
36) 《주간한국》, 2004년 6월 9일, 〈소동기의 골프이야기; 내기골프〉

5장 | 양반과 기생, 쌍륙판에서 내기를 벌이다 — 도박과 쌍륙

1) 이태호・양숙향, 「간송미술관 소장 '혜원풍속화첩'을 통해 본 19세기 민간의 복식과 생활상」, 『강좌 미술사』 제15호, 한국미술사연구소, 2000, 203~227쪽
2) 장계수, 「기산 김준근의 풍속화 연구」, 『생활문물연구』 제10호, 국립민속박물관 127~148쪽
3) 조광국, 『기녀담 기녀등장소설 연구』, 월인, 2000, 52~63쪽
4) 조광국, 위의 책, 64쪽
5) 정조 4년(1780)이다.
6) 『다산시문집』 제18권, 서 '김 절도사 후에게 보냄 - 곡산에서'

7) 최남선, 『조선상식 · 풍속편』, 동명사, 1948
8) 광주민속박물관, 『광주의 민속놀이』, 1994, 234쪽
9) 『청장관전서』 제30권, 사소절 제7 부의 2 사물(事物)
10) 『중종실록』 권45, 17년 6월 16일(신묘)
11) 『효종실록』 권19, 8년 8월 16일(병술)
12) 한국학문헌연구소 편, 『재물보』, 1980, 642쪽
13) 『사기』 권106, 「오왕비열전」 제46
14) 『성호사설』 제18권, 경사문(經史門) 알동 피병(斡東避兵)
15) 『세종실록』 권25, 6년 7월 18일(신묘)
16) 『세종실록』 권56, 14년 6월 8일 (을미)
17) 박종채 저 · 김윤조 역, 『역주과정록』, 태학사, 1997, 295쪽
18) 서울시사편찬위원회, 『서울600년사』 제3권, 1979, 1211~1212쪽에서 재인용
19) 김영진, 「쌍륙의 역사와 놀이방법」, 『생활문물연구』 제13호, 국립민속박물관, 2004, 21~24쪽
20) 허경진, 『사대부 소대헌 · 호연재 부부의 한평생』, 푸른역사, 2003, 173~177쪽
21) 김영진, 「쌍륙의 역사와 놀이방법」, 『생활문물연구』 제13호, 국립민속박물관, 2004, 28~31쪽
22) 광주민속박물관, 『광주의 민속놀이』, 1994, 234~235쪽
23) 수복은 묘와 능, 원 등지에서 제사 일을 맡아 하는 하층민이다.
24) 『성종실록』 권235, 20년 12월 15일(무술)
25) 『성종실록』 권239, 21년 4월 5일(정해)
26) 『연산군일기』 권21, 3년 1월 7일(기유)
27) 내섬시는 궁전과 고위관리 등에게 음식과 물품을 공급하는 일을 맡은 관청이다.
28) 『연산군 일기』 권44, 8년 5월 4일(을해)
29) 유승훈, 「투전고- 조선 후기 도박풍속의 일단면」, 『민속학연구』 11, 국립민속박물관, 2002, 159~160쪽
30) 『목민심서』 형전 육조 금포
31) 『중종실록』 권62, 23년 8월 18일(정사)
32) 『중종실록』 권100, 38년 2월 10일(갑신)

6장 | 조선 후기의 투전, 도박의 전성시대를 열다 - 도박과 투전

1) 고려대학교 민족문화연구원, 『한국민속대관』 제4권, 2577쪽
2) 『목민심서』 형전 육조 금포
3) 『정조실록』 권 33, 15년 구월(신묘)
4) 『목민심서』 형전 육조 금포
5) 윤기(尹愭), 가금(家禁), 「무명자집」, 『한국문집총간』 256권, 민족문화추진회, 273~274쪽
6) 고려 · 조선 시대에 임금 앞에서 경서를 강론하던 자리를 말한다.
7) 정우봉, 「강이천의 「한경사」에 대하여」, 『한국학보』, 1994, 49쪽
8) 장덕순 · 김기동 공편(共編), 『고전국문소설선』, 정음문화사, 1984, 554쪽
9) 김성배 등 편저, 『주해가사 문학전집』, 집문당, 1977, 266~271쪽
10) 고려대학교 민족문화연구원, 『한국민속대관』 제4권, 2577쪽에서 재인용
11) 조지훈, 「數鬪 · 攷」, 『조지훈 전집』 제7권, 일지사, 1973, 197쪽
12) 국립민속박물관, 『한국세시풍속사전』 정월편, 426쪽
13) 최남선, 『조선상식 · 풍속편』, 동명사, 1948, 85쪽
14) 1970년대 조지훈의 조사에 의하면 전국에 유일하게 영양(英陽)의 주곡동(注谷洞)에 수투전 놀이가 전승되고 있었다고 한다. (조지훈, 앞 논문, 196쪽)
15) 조지훈, 앞 논문, 197쪽
16) 문화재관리국, 『한국민속종합조사보고서(경남편)』, 1972, 828쪽
17) 장태진, 「화역과 변말」, 『조선대 인문과학연구』 제15집, 1993, 조선대
18) 이규경, 「희구변증설」, 『오주연문장전산고』
19) 『숙종실록』 권20, 15년 3월 13일(경술)
20) 최남선, 앞의 책, 85쪽
21) 郭雙林 · 蕭梅花, 『中國賭博史』, 文津出版社, 1996, 171~172쪽
22) 문(門)이란 목(木)과 같은 뜻이다.
23) 郭雙林 · 蕭梅花, 앞의 책, 173쪽
24) 신재선, 『필승 마작』, 전원문화사, 2004, 23~24쪽
25) Hargrave, Catherine Perry, 『A history of playing cards and a bibliography of cards and gaming』, New York: Dover, 1966, pp.6~10
26) 서울특별시사편찬위원회, 『서울600년사』 제3권, 서울특별시, 1987, 1212~1213쪽

27) 『담헌서(湛軒書)』외집(外集) 권9, 연기(燕記) 각산사(角山寺)
28) 『열하일기』관내정사(關內程史)
29) 고려대학교 민족문화연구원, 『한국민속대관』제4권, 2577쪽
30) 광주민속박물관, 『광주의 민속놀이』, 1994, 250쪽
31) 광주민속박물관, 위의 책, 250쪽
32) 이정수, 「16세기 중반~18세기 초의 화폐유통 실태」, 『조선시대사학보』, 조선시대사학회, 2005, 96쪽
33) 『숙종실록』 권7, 4년 6월 3일(임신)
34) 이기영 편, 『한국근대단편소설 대계』18권, 태학사, 1988
35) 郭雙林・蕭梅花, 『中國賭博史』, 文津出版社, 1996, 167~170쪽
36) 민병제, 「민속놀이 골패」, 『향토사와 민속문화』, 한국향토사연구전국협의회, 1997

7장 | 친일파 이지용, 나라를 팔아 화투대왕이 되다 – 도박과 화투
1) 《대한매일신보》, 1904년 12월 9일, 〈관인의 기회〉
2) 《대한매일신보》, 1904년 12월 9일, 〈아동잡기〉
3) 《대한매일신보》, 1906년 5월 19일, 〈花套 宏壯〉
4) 《대한매일신보》, 1907년 10월 4일, 시사평론
5) 《대한매일신보》, 1908년 3월 1일, 〈노름빚에 쫓겨〉
6) 《대한매일신보》, 1908년 3월 5일, 〈노름빚에 곤란〉
7) 『고종실록』 권 44, 광무8년 11월 30일
8) 《대한매일신보》, 1904년 12월 13일, 〈거상자 무별〉
9) 《대한매일신보》, 1905년 2월 17일, 〈화투 피착〉
10) 《대한매일신보》, 1909년 6월 11일, 〈별실의 행위〉
11) 《대한매일신보》, 1909년 6월 11일, 〈비밀정탐〉
12) 《대한매일신보》, 1909년 6월 16일, 〈엄금할 것〉
13) 《대한매일신보》, 1910년 4월 2일, 〈왜 안 금해〉
14) 《대한매일신보》, 1908년 3월 29일, 〈이씨 피착 연유〉
15) 《대한매일신보》, 1909년 1월 21일, 〈대협잡군〉

16) 황현, 『매천야록』, 제5권, 광무 10년(1906년 병오)
17) 『고종실록』 권33, 32년, 3월 10일(신사)
18) 손정목, 『개항기 한국 도시사회경제사 연구』, 1982, 일지사, 224~230쪽
19) 《대한매일신보》, 1908년 8월 29일, 〈일인피착〉
20) 《대한매일신보》, 1909년 12월 22일, 〈화투는 왜해〉
21) 加太こうじ, 「花札」, 『日本風俗史事典』, 弘文堂, 1994, 151~153쪽
22) 酒井 欣, 『日本遊戲史』, 建設史, 1993, 696쪽
23) 宮武外骨 편, 『賭博史』, 半狂堂, 1923, 18쪽
24) 酒井 欣, 앞의 책, 702쪽
25) 이덕봉, 「화투의 문화기호 해석」, 『한민족문화연구』 6집, 한민족문화학회, 30~31쪽
26) 역(役)은 세금과 부역 등을 뜻한다.
27) 진태하, 「망국노름 화투에 대하여」, 『새국어교육』, 한국국어교육학회, 1996, 9~11쪽
28) 《대한매일신보》, 1909년 3월 4일, 〈총리집 화투판〉
29) 《대한매일신보》, 1910년 4월 16일, 〈화투는 할 만한가〉
30) 민족문제연구소, 『친일파 99인 (1)』, 돌베개, 1993
31) 황현, 『매천야록』, 제5권 광무 10년(1906년) 병오
32) 《대한매일신보》, 1908년 12월 31일, 〈화투빚 청산〉
33) 《경향신문》, 1910년 10월 21일
34) 《대한매일신보》, 1910년 6월 17일, 〈맛됴켓구나〉
35) 《대한매일신보》, 1910년 6월 18일, 〈이씨치료〉
36) 《매일신보》, 1912년 2월 10일, 〈이백등의 도박 사건공판〉
37) 「골패세령」, 1931년 4월 15일, 『총독부 관보』 제1280호
38) 《동아일보》, 1931년 4월 26일, 〈과세기를 앞두고 화투·골패 조사 5월 1일부터 세금을 부치어 경성부 세무과에서 착수〉
39) 《조선중앙일보》, 1935년 5월 25일, 〈골패세령 위반으로 벌금 2만 4천원, 화투를 모조판매타가〉
40) 《조선중앙일보》, 1935년 6월 25일, 〈무허가화투 제조자, 벌금 2만 원 구형, 조선골패령 위반 죄명으로, 주목되는 판결 여하〉
41) 《조선중앙일보》, 1935년 7월 2일, 〈화투 모조판매자에 2만원의 벌금형, 경성복심법원에서 판결〉

42) 《조선중앙일보》, 1936년 5월 13일, 〈화투·투전·마작 일 년간의 제조고 십오만 조를 돌파, 그 세금만도 이만 일천여 원, 평양 세무서 통계〉

43) 신재선, 『필승 마작』, 진원문화사, 2004, 24쪽

44) 이성환, 〈여론의 위력으로 마작을 철저히 박멸하자〉, 《삼천리》 제4권 제2호, 1932년 2월

45) 《동아일보》, 1928년 12월 27일, 〈독자위안 신년 마작대회 이리지국 주최〉

46) 《동아일보》, 1932년 1월 9일, 〈마작구락부 삼개소를 취소, 도박성질이 잇다 하여 본정서 단호 처치〉

47) 《중앙일보》, 1931년 12월 31일, 〈마작구락부 금후 엄중 취체, 그 피해가 갈수록 심하다고, 본정서장의 태도〉

48) 이호광, 『고스톱백과』, 보성출판사, 2003, 378~379쪽

49) 《매일신보》, 1912년 4월 10일, 〈청인의 도박〉

8장 | 고스톱은 대한민국의 축소판이다 – 도박과 고스톱

1) 《조선일보》, 1985년 6월 15일, 〈고스톱 열풍〉

2) 이호광, 『고스톱백과』, 보성출판사, 2003, 26쪽

3) 《조선일보》, 1986년 11월 11일, 〈고스톱 말썽… 리비아서 19명 강제 귀국〉

4) 《조선일보》, 1987년 1월 8일, 〈고스톱 살인〉

5) 《조선일보》, 1989년 7월 18일, 〈고스톱 망국론〉

6) 일본어로 'だい'는 '크다(大)'란 뜻을 지니고 있다.

7) 최봉영, 『한국인의 사회적 성격(II)』, 느티나무, 1994, 220~221쪽

8) 김천묵, 「화투놀이, 고스톱, 그리고 한국사회」, 『우리사회연구』 제3집, 우리사회연구원, 1996, 148~151쪽

9) 나이롱뽕은 서양 카드놀이 가운데 '홀라'의 변이형이란 설명도 있다.(한양명, 「고스톱론: 매도와 찬양을 넘어서」, 『역사민속학 제8호』, 역사민속학회, 1999, 223쪽)

10) "경법(經法), 권도(權道), 권술(權術)은 사람이 문제를 해결하는 방식이다. 경법은 통상적 상황에서 변함없이 통용되는 일상적 방법이요, 권도는 비상의 상황에 적용되는 비상의 방법이요, 권술은 권모와 술수로서 자기중심적으로 이용하는 방법이다."(최봉영, 『한국인의 사회적 성격(I)』, 느티나무, 1994, 158~159쪽)

11) 《중앙일보》, 1932년 4월 8일, 〈마작구락부의 수난시대 도래, 마작구락부서 화투하다가 과료에 영업까지 취소〉

12) 이덕봉,「화투의 문화기호 해석」,『한민족문화연구』6집, 한민족문화학회 31쪽
13) 주강현,「두레고」,『한국의 두레』, 국립민속박물관, 1994
14) 김문겸,『여가의 사회학』, 한울, 1993, 140쪽
15) 권현주,「화찰의 "전통문화 기호"와 화투의 "놀이문화기호" 고찰」,『일본어문학』, 한국일본어문학회, 2004, 218쪽
16) 이호광, 앞의 책, 79~97쪽
17) 최봉영, 앞의 책, 242쪽
18) 정치풍자, 사회 풍자 고스톱의 종류와 내용은 이호광의『고스톱백과』를 참조하였다.

9장 | 자본주의 국가는 언제나 양다리를 걸친다 - 도박과 국가

1) 즉 형법 제264호를 보면 "① 재물로써 도박한 자는 500만 원 이하의 벌금 또는 과료에 처한다. 단, 일시오락 정도에 불과한 때에는 예외로 한다. ② 상습으로 제1항의 죄를 범한 자는 3년 이하의 징역 또는 2천만 원 이하의 벌금에 처한다."라고 하였다.
2)《한겨레신문》, 2003년 6월 14일,〈작년 도박으로 잃은 돈 4조〉
3)《동아일보》, 1921년 4월 7일,〈경성승마구락부 주최 경마대회 개최〉
4) 배준호·박성수,「경마산업 발전을 위한 조세정책방향」, 한국조세연구원, 1996, 6쪽
5)《주간조선》, 2004년 12월 30일(1835호),〈오락장이냐 도박장이냐…두 얼굴의 복마전〉
6)《주간조선》, 2004년 12월 30일(1835호),〈집 팔고 차 팔아 경마… '경마 알거지', '경마 폐인' 늘어난다〉
7)《주간조선》, 2004년 12월 30일(1835호),〈오락장이냐 도박장이냐…두 얼굴의 복마전〉
8) 이태원,「합법적 도박행위: 확산, 이론, 그리고 경험적 검증에 관한 검토」,『사회과학 연구』제42집, 강원대 사회과학연구소, 2003, 113쪽
9)《한겨레신문》, 2002년 10월 17일,〈대박의 꿈 좇는 도박공화국(1) 일상 파고든 사행산업〉
10) 주택은행,『한국주택은행 25년사』, 1992, 405쪽
11) 신기섭,「보론: 한국복권의 현황과 문제점」,『복권의 역사』, 필맥, 225~226쪽
12) David Nibert 지음·신기섭 옮김,『복권의 역사』, 필맥, 29~32쪽
13)《한겨레신문》, 2004년 11월 3일,〈로또 100회 돌아보니…〉

14) 김현아,「로또복권 수익금 활용 및 관리방안」, 한국조세연구원, 2003, 1쪽

15) David Nibert 지음 · 신기섭 옮김, 앞의 책, 106쪽

16) 김정운 · 이누미야 요시유키,「누가 로또를 하는가; 복권유형에 따른 복권구매 행동 규정요인의 차이」,『한국심리학회지』17권, 한국심리학회, 2003, 18쪽

17) 두산동아,『두산세계대백과사전』25권, 221쪽

18) Jan Mcmillen, 1996,「From glamour to grind the globalization of casinos」,『Gambling Culture, Routledge』, pp. 266~267

19) Jan Mcmillen, Ibid., pp. 272~276

20) Vicki Abt, 1996,「The role of the state in the expansion and growth of commercial gambling in the USA」,『Gambling Culture』, Routledge, pp. 191~196

21) 손대현,「한국 카지노산업의 실상과 발전방안」,『관광연구논총』제14호

22)《조선일보》, 2004년 9월 6일

23) 김덕한, 〈도박과 탐욕의 '막장' 강원랜드 카지노〉,《주간조선》1758호, 2003년 6월 19일

24)《한겨레신문》, 2004년 10월 1일,〈강원랜드 VIP 100명 판돈 1조 4천억……혼자 576억도〉

25)《한겨레신문》, 2002년 10월 21일

26) David Nibert 지음 · 신기섭 옮김, 앞의 책, 192쪽

27) 이태원 · 김석준,「도박의 정치경제학」,『사회와 역사』통권 제56집, 문학과 지성사, 1999, 184쪽

28) F. 엥겔스 지음 · 김대웅 옮김,『가족 사유재산 국가의 기원』, 아침, 238쪽

29)《한겨레신문》, 2005년 6월 27일.〈사행산업감독위원회 추진〉

30) 郭雙林 · 蕭梅花, 앞의 책, 14~15쪽

31) 紀田順一郎,『日本のギャンブル : 賭けごとの世界』, 東京: 桃源社, 1996, 12쪽

32)『고려사』지(志) 39 형법 금령

33)『태종실록』권27, 14년 5월 19일(신묘)

34)『세종실록』권28, 7년 5월 9일(무인)

35)『세종실록』권37, 9년 9월 12일(정유)

36)『중종실록』권62, 23년 8월 18일(정사)

37)『중종실록』권93, 35년 6월 9일(기사)

38)『대명률』권26, 형률 잡범 도박

39) 김기춘, 『조선시대형전』, 삼영사, 1990, 92쪽
40) 『고종실록』 권19, 19년 2월 9일(을축)
41) 『고종실록』 권20, 20년 10월 27일(갑술)
42) 『고종실록』 권28, 28년 3월 27일
43) 『고종실록』 권28, 28년 9월 23일(갑신)
44) 『고종실록』 권29, 29년 12월 12일(병인)
45) 『매천야록』 제1권 하, 〈화적의 극성〉
46) 유승훈, 「투전고」, 『민속학 연구』 제11호, 국립민속박물관, 2002, 166~167쪽

에필로그 | 잃었을 때 떠나라

1) 이흥표, 『도박의 심리』, 학지사, 2002, 74쪽
2) F. M. 도스토예프스키 지음·이길주 옮김, 「미하일 마하일로비치 도스토예프스키에게」, 『도스토예프스키의 유럽인상기』, 푸른숲, 1999
3) F. M. 도스토예프스키 지음·이길주 옮김, 「아폴론 니콜라예비치 마이코프에게」, 앞의 책
4) Gerda Reith, 2002, The age of chance: gambling in western culture, Routledge p.6
5) 차재호, 「도박의 심리학적 이해」, 『한양대 정신건강연구』 7, 한양대학교, 1988, 10~11쪽
6) 이흥표, 「도박동기와 병적 도박의 관계」, 『한국심리학회지』 8, 한국건강심리학회, 2003, 170~173쪽
7) 김덕한, 〈도박과 탐욕의 '막장' 강원랜드 카지노〉, 《주간조선》 1758호, 2003년 6월 19일

다산과 연암, 노름에 빠지다

초판 발행 | 2006년 1월 10일
2쇄 발행 | 2006년 2월 10일

지은이 | 유승훈
펴낸이 | 심만수
펴낸곳 | (주)살림출판사
출판등록 | 1989년 11월 1일 제9-210호

책임편집 | 소래섭

주소 | 413-756 경기도 파주시 교하읍 문발리 파주출판도시 522-2
전화 | 영업 031)955-1350 기획·편집 031)955-1364
팩스 | 031)955-1355
e-mail | salleem@chol.com
홈페이지 | http://www.sallimbooks.com

ⓒ(주)살림출판사, 2005
ISBN 89-522-0468-9 03910

• 잘못된 책은 구입하신 서점에서 바꾸어 드립니다.
• 저자와의 협의에 의해 인지를 생략합니다.

값 12,000원